블랙이글스에게 배워라!

블랙 이글스에게 배워라!

청춘에게 바치는 값진 인생을 위한 네 가지 핵심 가치

김덕수

21세기북스

블랙이글스가 세계적인 특수비행팀으로 도약하는 과정에서
안타깝게 산화하신 세 분 조종사와
특수비행의 불모지를 개척하기 위해
눈물겨운 정성과 열정을 다 바치신 역대 특수비행팀 조종사들께
삼가 이 책을 바칩니다.

| 차 례 |

추천사 ... 9
프롤로그 ... 12

제1부 도전

01 낭보 ... 20
02 두 얼굴 ... 26
03 콜럼버스적 발상 ... 32
04 마지막 담금질 ... 38
05 기적 ... 44
06 참모총장의 눈물 ... 51
07 추억 ... 59
08 안타까운 산화 ... 66
09 금의환향 ... 72
10 악연과 러브콜의 이중주 ... 78

제2부 헌신

11 그들이 에어쇼를 하는 이유 ... 88
12 고정관념 ... 95
13 연습 벌레 ... 101
14 Glad To Be Here ... 108
15 절제와 징크스 ... 115
16 아내의 네임 패치 ... 121
17 1급 비밀 ... 128
18 창공에 묻힌 별 셋 ... 135
19 직격 ... 146
20 도색의 비밀 ... 152

제3부 전문성

21 달인 ... 162
22 GWP ... 169
23 특수비행 ... 175
24 탈피 ... 181
25 혼 ... 188
26 안전 ... 195
27 TPO ... 202
28 4:6:8 ... 208
29 사전 지식 ... 216
30 High Show Display ... 222

제4부 팀워크

31 신뢰 ... 232
32 소통 ... 238
33 막비 ... 245
34 페리 비행 ... 253
35 화려한 비상 ... 261
36 지역 주민들과의 대화 ... 268
37 극한의 직업 ... 274
38 못다 한 이야기 ... 279
39 유감 ... 286
40 공식 명칭 ... 292

에필로그 ... 300

| 추천사 |

　공군은 국민의 생명과 재산을 보호하는 본연의 임무를 완수하기 위해 하늘을 무대로 강도 높은 훈련과 작전을 수행하는 조직입니다. 실전과 다름없는 작전과 훈련의 중심에는 바로 공군 조종사들이 있습니다. 공군 조종사들은 그들이 운용하는 항공기와 함께 국가의 핵심 안보 자산으로 철저히 보호되기 때문에 국민들이 쉽게 만날 수 없습니다.
　그래서 공군은 국민에게 우리 공군 조종사들이 높은 하늘에서 자신의 목숨을 걸고 수행하는 공중 임무의 일부 내용을 보여주기 위해서 1953년부터 에어쇼를 실시해오고 있습니다. 시대가 발전하면서 에어쇼팀의 명칭과 에어쇼를 선보이는 항공기도 엄청난 변화를 거듭해왔습니다. 현재 블랙이글스는 최신예 국산 항공기인 T-50B를 가지고 환상적인 특수비행을 펼치고 있습니다.
　블랙이글스는 세계 최고 수준의 에어쇼를 선보이며 공군에 대한 국민의 신뢰를 제고하는 동시에 대한민국 항공산업기술력의 우수성을 홍보하는 데 이바지하고 있습니다. 또 블랙이글스는 어린이와 청소년들이 푸른 하늘과 광활한 우주를 향한 꿈을 갖도록 하는 데 크게 기여하고 있습니다.

더욱이 2012년과 2014년에 개최된 영국 에어쇼와 싱가포르 에어쇼에서 블랙이글스가 거둔 탁월한 성과는 대한민국과 공군의 위상을 드높이면서 해외 교포에게 대한민국 국민이라는 자부심을 갖게 해주었습니다. 이제 블랙이글스는 창공의 한류 스타로서 대한민국의 국격을 높이고 국익을 창출하는 데 맡은 바 사명을 다해 나갈 것으로 확신합니다.

그동안 블랙이글스의 화려하고 아름다운 에어쇼 사진과 영상은 많이 공개되었지만 공군 특수비행팀의 역사, 특수비행팀 조종사와 정비사의 애환과 헌신에 대해서는 베일에 싸여 있었던 것이 사실입니다.

그런데 이번에 공주대학교 김덕수 교수님께서 많은 노력을 기울여주신 덕분에 블랙이글스를 비롯한 공군 특수비행팀이 걸어온 62년간의 역사가 상세하게 정리되어 국민 여러분께 소개할 수 있게 되었습니다.

김 교수님의 저서는 그동안 조국 영공 방위의 숭고한 임무를 완수하기 위해 헌신한 예비역 선배 조종사들은 물론 현역으로 복무하는 공군 조종사들에게 큰 용기와 격려를 줄 것으로 믿어 의심치 않습니다.

또한 '도전', '헌신', '전문성', '팀워크'라는 공군의 핵심 가치와 연계하여 우리 젊은이들이 공군 특수비행팀을 보고 배워야 할 교훈을 도출한 것은 참으로 뜻 깊은 일이라고 생각합니다. 공군의 최고지휘관으로서 김덕수 교수님께 고마운 마음을 전합니다.

≪블랙이글스에게 배워라!≫는 공군의 핵심 가치를 각각의 장으로 구성하여 총 40개 주제를 멋진 글과 다양한 사진으로 설명하고 있어 많은 독자들에게 깊은 감동과 재미를 선사해줄 것입니다.

모쪼록 많은 젊은이들이 ≪블랙이글스에게 배워라!≫를 읽고 자기만족과 자기 행복감이 충만한 성공인의 삶을 살아가길 기대하며, 이 책이 대한민국 공군에 대해 깊은 관심과 애정을 가질 수 있는 계기가 되길 바랍니다. 감사합니다.

2015년 4월 24일
공군참모총장 대장 최 차 규

| 프롤로그 |

우리 주위를 둘러보면 방황하고 좌절하는 청춘들이 너무 많다. 청춘들이 아픈 것은 비단 현 세대들에게만 국한된 일이 아니다. 50대 중반인 내가 청춘이었을 때도 미래에 대한 불확실, 경험과 지혜의 부재, 가치관의 미정립, 가난 등으로 아프고 힘들었다. 하지만 그때는 4년제 대학만 졸업하면 괜찮은 정규직 일자리 3~4개가 보장되었고, 그 가운데 제일 좋은 곳을 골라서 취업할 수 있었다. 그러나 현재는 그럴 확률이 낙타가 바늘구멍에 들어갈 정도라고 한다. 그런 점에서 요즘 청춘들이 겪는 좌절감은 우리 때보다 훨씬 더 큰 게 사실이다.

실제로 내가 소속된 학과의 4학년 제자 20여 명 가운데 1명만 삼성그룹 인력개발원에 정규직으로 취업했고 나머지 제자들은 중등임용고사에서 모두 탈락하고 말았다. 불행 중 다행으로 작년과 재작년에 졸업한 재수생과 삼수생 제자들이 여러 명 합격해주는 바람에 겨우 학과 체면을 살릴 수 있었다. 이런 사상 최악의 참담한 결과를 보면서 나도 제자들과 학부모들에게 죄를 진 것 같은 느낌이 들었다.

요즘 취업을 하지 못한 제자들은 결혼도 미룬다. 처자식을 먹여 살릴 능력이 없기 때문이다. 이런 청춘들이 하나둘 늘다보니 어느새 국가 전체의 출산율이 OECD 국가 중 최저 수준으로 떨어졌다. 이는 정부가 예산을 지원한다고 해결될 일이 아니다.

나도 청춘인 두 아들이 있기에 그들의 문제에서 결코 자유롭지 않다. 경제학자로서 또 아버지로서 우리 젊은 청춘들이 어떻게 하면 행복하고 건강한 삶을 누릴 수 있을까를 고민해왔다. 그런 와중에 대한민국 공군 특수비행팀 블랙이글스를 공부할 기회를 얻었다. 그리고 지난 2년 6개월 동안 블랙이글스의 어제와 오늘을 꼼꼼하게 살펴보는 과정에서 그에 대한 하나의 해답을 발견할 수 있었다. 그것이 이 책을 집필하게 된 직접적인 이유다.

"경험이 자산이다"란 말이 있다. 내 경험이 없으면 남의 경험이라도 벤치마킹해서 내 것으로 만들어야 한다. 그것은 성공한 사람들의 보편적인 행동 철학이다. 성공은 비단 좋은 직장, 많은 연봉, 높은 지위만을 의미하지 않는다. 어찌 보면 진정한 성공은 우리 시대, 우리 사회, 우리 가정이 꼭 필요로 하는 삶일지도 모른다. 또 자기 스스로 만족하고 행복감을 느낄 수 있는 삶이 진정한 성공이라고 생각한다. 블랙이글스 조종사들이 바로 그 전형이다.

블랙이글스가 2012년 영국의 와딩턴과 리아트 에어쇼를 계기로 세계가 주목하는 특수비행팀으로 변신한 것은 널리 알려진 사실이다. 블랙이글스 조종사들은 대부분 30대 초반의 젊은이다. 심지어 미혼인 조종사도 있다. 우리 청춘들과 나이 차이라고 해봤자 적게는 대여섯 살에서 많게는 열 살 안팎이다. 그들은 우리 청춘들과 세대 차이를 느끼지 않고 얼마든지 소통할 수 있는 세대다. 그런데도 그들은 이미 세계의 하늘을 호령하는 특급 전사로서 에어쇼의 글로벌 스탠더드를 주도해나가고 있다. 지난 2년 6개월 동안 그들의 일거수일투족을 관찰하면서 그 비밀을 밝혀보려고 많은 노력을 기울였다. 그런데 해답은 의외로 간단한 데 있었다.

공군의 핵심 가치는 '도전', '헌신', '전문성', '팀워크'다. 블랙이글스 조종사들도 공군 소속의 최정예 전투조종사다. 따라서 그들 또한 공군의 4대 핵심 가치를 실천하기 위해서 각고의 노력을 기울여왔다. 그 결과 세계 최고의 특수비행팀으로 발돋움하는 데 성공했다. 그들은 절망감에 사로잡혀 있는 우리 청춘들에게 공군의 네 가지 핵심 가치만 잘 실천한다면 누구든지 값진 인생을 살아갈 수 있음을 보여주고 있다.

그들은 이 순간에도 '도전'의 역사를 새로 써내려가고 있다. 이 책의 '도전'편은 그들이 앞에 들이닥친 숱한 역경을 어떻게 극복하며 자기 자신을 스스로 담금질해왔는지를 소상하게 보여줄 것이다. 도전하는 삶은 설령 나이가 80세라고 해도 청춘이다. 그러나 도전 정신이 결여된 청춘은 젊은 노인에 불과하다. 도전은 청춘만이 누릴 수 있는 최고의 특권이다. 우리 젊은이들은 블랙이글스 조종사로부터 청춘의 도전 정신을 철저하게 배우고 익혀야 한다. 그래야 자기만족과 자기 행복을 느낄 수 있는 진정한 성공인의 반열에 오를 수 있다.

그들은 '헌신'을 생활화한다. 안도현의 시 〈너에게 묻는다〉를 보면, "연탄재 함부로 발로 차지 마라 너는 누구에게 한번이라도 뜨거운 사람이었느냐"라는 구절이 나온다. 남을 따뜻하게 해주기 위해서 자신을 불사르는 연탄과도 같은 존재가 블랙이글스 조종사들이다. 그들은 공군력을 대외적으로 과시하는 활동을 통해 대한민국의 국격을 제고하고 국민들에게 군에 대한 믿음과 신뢰를 심어준다. 또 어린이들에게는 창공에 관한 드높은 꿈과 희망을 심어준다. 그것을 위해 그들은 자신의 목숨을 하늘에 건다.

가족, 조직, 국가의 발전을 위해 기꺼이 헌신할 줄 아는 사람은 언제나 다른 사람들로부터 존경과 신뢰를 받는다. 그러면 구조조정 대상의 명단에서 영원히 제외되는 행운이 뒤따른다. 헌신 없는 극도의 이기주의와 개인주의는 청춘의 삶을 피폐하게 만든다. 행복과 성공의 사닥다리에 오르고 싶은 청춘들이 있다면 부디 블랙이글스 조종사로부터 연탄과 연탄불의 자세를 배워야 한다.

그들은 '전문성'의 화신이다. 비행 기량에 관한 한 그들은 이미 달인의 경지에 오른 사람들이다. 그런데도 그들은 자만하지 않고 매일같이 피나는 연습을 반복하며 '완벽'을 추구한다. 빨리빨리 문화가 대충주의와 결합하면 개인이나 조직은 삼풍백화점처럼 일시에 붕괴될 수밖에 없다. 그것을 막을 수 있는 최고의 대안은 전문성에 기초한 블랙이글스의 완벽과 스피드를 적절하게 조화하는 일이다. 이 책의 '전문성'편에서는 그 방법에 대해서 자세히 소개할 것이다.

그들은 팀워크에 살고 팀워크에 죽는다. 그들에겐 혼자서 찍은 사진이 없다. 오로지 팀원들과 함께 찍은 단체 사진만 존재한다. 간혹 열혈팬들이 그들의 독사진을 찍어주더라도 그것은 개인의 사적인 앨범 속으로 들어갈 뿐이다. 그들은 개인이 아니라 블랙이글스 넘버1(#1), 넘버2(#2), …… 넘버7(#7), 넘버8(#8)로만 존재하고 그렇게 기억되길 원한다. 자연계에서 팀워크의 달인은 개미다. 팀워크를 통해 나오는 개미들의 파워는 밀림의 제왕인 사자나 호랑이도 당해낼 수 없다고 한다. 그래서 팀워크는 인간 세상이나 자연계에서 생존의 키워드로 매우 중시되고 있다. 이 책의 '팀워크'편에서는 팀워크에 관한 여러 가지 일화와 거기서 얻을 수 있는 교훈을 재미있게 소개할 것이다. 성공을 꿈꾸는 청춘들은 블랙이글스의 팀워크 정신을 자기 것으로 체화시켜 나가야 한다.

대한민국 공군은 이 졸저를 쓰는 데 많은 협조와 지원을 제공해주었다. 최차규 공군참모총장님을 비롯한 공군본부 지휘부, 각 공군사령부와 공군기지의 지휘관과 참모님들께 깊은 감사를 드린다. 이 책의 집필 초기부터 지금까지 블랙이글스의 모든 것을 아낌없이 보여주고 설명해준 원주기지 53특수비행전대 이철희 전대장님을 비롯한 블랙이글스 팀원들께도 진한 전우애와 함께 고마운 마음을 전한다. 또 공군기지 방문 일정을 잡아주고 때로는 함께 가기도 하며 책 집필을 도와준 공군본부 정훈공보실의 헌신도 잊을 수 없다. 한상균 정훈공보실장님, 이상규 홍보과장님을 비롯한 정훈공보실 가족들께도 마음의 빚이 그대로 남아 있다. 책에 들어간 사진은 모두 블랙이글스 홍보팀의 편보현 상사님께서 제공한 것이다. 항공 전문 사진작가의 반열에 오른 편 상사님의 작품이 책을 더욱 품위 있게 만들었다. 또 군 관련 책자의 출판을 꺼리는 사회적인 분위기 속에서도 출판을 하겠다며 선뜻 출간 제의를 수락하고 고품질의 책을 제작하기 위해 최선을 다해주신 21세기북스 김영곤 사장님과 윤군석 본부장님께도 고마운 마음을 전한다.

블랙이글스는 대한민국의 자랑이다. 그러나 역대 특수비행팀 조종사들은 블랙이글스를 세계 초일류 특수비행팀으로 만들기 위해서 자신들의 청춘과 열정을 아낌없이 바쳤다. 아무런 보상이나 영광도 없이, 심지어 자신의 이름 석 자도 남기지 않은 채, 역사의 뒤안길로 사라져간 역대 특수비행팀 조종사들의 실체와 그들의 헌신까지 밝혀내서 자랑스러운 블랙이글스의 역사로 복원해야 하는 것도 우리 세대의 책무다. 이 졸저가 그것을 위한 작은 밀알이 된다면 저자로서 더 이상 바랄 것이 없겠다.

끝으로 대한민국의 건강한 미래를 책임질 우리나라의 젊은 청춘들이 공군과 블랙이글스의 핵심 가치를 깊이 있게 이해하고 그들의 장점을 벤치마킹함으로써 모두 다 가치 있는 삶을 살며 행복할 수 있기를 간절히 기대한다.

2015년 4월 24일

제1부
도전

인생이라는 통장 잔고에는 세 가지가 있습니다. 성공이란 잔고, 실패라는 잔고, 도전이란 잔고가 그 것입니다. 무엇인가를 시도해서 꿈을 이룬 것은 성공 잔고로 카운트하고, 인생에서 아예 시도조차 못한 것은 실패 잔고에 넣어야 합니다. 그리고 시도는 했지만 아직까지 이렇다 할 성과를 내지 못한 것은 도전 잔고에 넣고 비상한 각오로 재도전해야 합니다. 그것이 바로 블랙이글스 조종사들의 숭고한 비행 정신입니다.

― 저자가 각색한 글 ―

01. 낭보

2012년 7월 2일 아침, 국내 언론 및 방송 매체들은 일제히 영국 와딩턴 에어쇼에서 공군 특수비행팀 블랙이글스가 최우수상을 탔다는 사실을 보도했다. 그로부터 1주일 후인 7월 9일, 영국 리아트 에어쇼에서 또 다시 최우수상과 인기상을 석권한 블랙이글스의 소식을 속보로 전했다. 잇따른 낭보였다.

과거 블랙이글스에 몸담았던 조종사와 정비사들은 그 소식에 가슴이 울컥했다. 후배들이 너무 대견하고 자랑스러웠기 때문이다. 블랙이글스의 국내 팬들 역시 그들의 선전에 놀라움을 금치 못했다.

이 세상에 우연은 없다!

공군이 에어쇼를 한 원년은 1953년이다. 공군은 그때부터 1994

년까지 필요할 때마다 일선 전투비행대대의 전투기와 전투조종사를 차출해서 에어쇼를 하고, 그것이 끝나면 해당 부대로 복귀시켰다. 한마디로 '헤쳐 모여'식 에어쇼를 한 것이다. 영공 수호 임무를 맡아야 할 전투기와 전투조종사가 절대적으로 부족했기 때문이다.

한편, 근접 지원 임무를 수행하던 6대의 경공격기 A-37B(일명 드래건 플라이)로 최초의 상설 특수비행팀을 꾸린 것은 1994년이다. 그러나 그마저 오래가지 못하고 2007년에 잠정 해체되고 말았다. 기체 노후화에 따른 추락 사고 발생이 결정적인 이유였다.

공군은 2년 후인 2009년에 239특수비행대대를 창설하고 2011년 4월까지 10대의 초음속 훈련기인 T-50B로 전력화를 마쳤다. 그로부터 2년이 채 안 된 시점에서 블랙이글스가 에어쇼의 본고장이자 항공 선진국인 영국 하늘을 제패하는 기적을 일궈낸 것이다.

블랙이글스의 빛나는 성과는 결코 하루아침에 이루어진 게 아니다. 국가가 가난했던 시절, 임시로 차출된 전투조종사들은 비행 임무의 난이도 수준에 따라 며칠에서 몇 달 동안 합숙하며 기동 연습을 한 후 에어쇼를 했다. 에어쇼가 끝나면 소리 없이 흩어졌다. 그러나 1994년 블랙이글스가 상설 특수비행팀이 되면서 그들의 눈은 원대한 꿈을 찾아 세계로 향하기 시작했다.

매년 2~3명의 조종사를 국제 에어쇼에 파견해서 해외 특수비행팀들의 다양한 공중 기동과 비행 문화를 배우도록 했다. 또 미 공군의 '선더버드'를 비롯한 해외의 유명 특수비행팀과 친선 교류를 하면서 그들의 장점을 열심히 벤치마킹했다. 그러는 사이 우리 실정에 맞는 공중 기동 과목들이 하나둘 완성되어갔다. '안 되면 될 때까지'가 그들의 정신을 오랫동안 지배했다.

어느 정도 공중 기동 과목에 자신감이 생기자 블랙이글스 조종사들 사이에서는 "우리도 국제 에어쇼에 한번 참가해보자"는 열망이 싹트기 시작했다. 문제는 경비를 조달하는 일이었다. 난감한 일이었지만 그들은 조금도 좌절하거나 포기하지 않았다. 때를 기다리며 세계 하늘을 제패할 비장의 무기를 날카롭게 벼리고 있었다. 그런데 그들 앞에 뜻밖의 은인이 불쑥 나타났다.

은인

2011년 6월, 국회의원 보좌관 일행이 대형 버스를 타고 블랙이글스가 있는 원주기지를 방문했다. 그들의 방문 목적은 안보 현장을 직접 둘러보며 여러 정책 대안들을 점검하기 위함이었다. 그들은 신익현 비행단장의 안내로 항공기와 역사관을 둘러본 후, 전투조종사들과 간담회를 가졌다. 이 자리에서 어느 조종사가 "블랙이글스가 국제 에어쇼에 나갈 수 있도록 국회 차원에서 도와 달라"고 호소했다. 당시 심대평 국회의원의 이경호 보좌관이 그것을 진지하게 받아들이고 심 의원에게 자초지종을 설명한 것이다.

마침내 심 의원은 국회 국방위원회에서 "블랙이글스의 국제 에어쇼 참가를 지원할 필요가 있다"는 취지의 정책 발언을 했다. 그 덕분에 〈2012년 방위산업예산요구(안)〉에 블랙이글스의 국제 에어쇼 참가 예산 90억 원이 반영될 수 있었다. 그러나 기획재정부는 최종 예산을 배분하는 과정에서 38억 원만을 배정했다. "블랙이글스가 국제 에어쇼에 참가해서 좋은 성적을 거둘 경우, 실질적 수혜자는 (주)한국항공우주산업(이하 KAI)이기 때문에 KAI도 비용을 분담해야 한다"는 취지에서였다. 그러나 블랙이글스는 국제 에어쇼에 참가할 수 있는 재정적 근거가 마련된 것만으로도 행복했다.

영국이냐, 남미냐?

블랙이글스의 국제 에어쇼 참가에 따른 정부 차원의 지원 계획이 밝혀지자 먼저 움직인 쪽은 KAI였다. KAI는 자사가 생산한 초음속 제트훈련기(이하 T-50)의 수출전략상 남미 칠레에서 개최되는 FIDAE 국제 에어쇼에 블랙이글스가 참가해 줄 것을 공군과 방위사업청에 제안했다. 그러나 공군과 방위사업청의 생각은 KAI와 달랐다. 국제 에어쇼에 처음 출전하는 블랙이글스의 상징성, 한국의 국제적 위상, 우리 공군력의 대외적 과시를 위해서는 남미보다 영국 에어쇼에 나가는 것이 훨씬 더 낫다고 생각했다. 결국

2012년 1월 중순, 공군과 방위사업청은 KAI와 실무 협의를 통해 블랙이글스가 영국의 리아트RIAT, Royal International Air Tatto와 판버러 Farnborough 에어쇼에 참가하는 것으로 최종 합의했다.

그러나 공군과 블랙이글스 조종사들의 고민은 여전히 남아 있었다. 블랙이글스의 에어쇼는 8대의 T-50B*가 함께 날며 고난이도의 멋진 공중 기동을 할 때만이 의미가 있다. 따라서 1대의 T-50B가 단기單機 기동을 선보이는 판버러 에어쇼는 상대적으로 덜 매력적일 수밖에 없었다. 게다가 영국의 기상 조건은 우리나라와 달리 변덕스럽기 그지없다. 햇볕이 쨍하게 내려쬐다가도 갑자기 하늘 저편에서 먹구름이 밀려오고 폭우와 함께 천둥 번개가 내려치기도 한다. 만약 이런 기상 악화 때문에 리아트 에어쇼에서 제대로 된 능력을 발휘하지 못했을 경우, 국가 예산을 낭비했다는 국내 비난 여론을 피해갈 수 없는 상황이었다.

공군본부와 블랙이글스가 소속된 원주기지는 이런 상황까지 고려해서 리아트와 판버러 에어쇼는 물론 와딩턴 에어쇼까지 참가하는 쪽으로 계획을 변경했다. 일종의 안전 보험을 하나 더 든 셈이었다. 그러나 이것은 방위사업청이나 KAI 측과 충분한 사전 논의 없이 진행됐기 때문에 이들 기관에서 불쾌하게 생각할 수도 있는 복잡 미묘한 문제였다.

다행히 블랙이글스 팀원(조종사와 지상 근무 요원)의 출국과 입국

---

* T-50B는 KAI가 생산한 초음속 제트훈련기 T-50을 에어쇼에 부합하도록 개조한 항공기이다.

일을 많이 변경하지 않더라도 와딩턴 에어쇼에 참가할 수 있는 상황이 되자 두 기관도 기꺼이 동의해주었다. 그와 동시에 블랙이글스의 영국 에어쇼 참가를 위한 기관별 지원 예산 규모도 최종적으로 확정되었다. 전체 예산 123억 5,900만 원은 방위사업청이 46억 7,900만 원, KAI가 71억 5,000만 원, 공군이 5억 3,000만 원을 부담하는 것으로 결정되었다.

이런 우여곡절을 겪으면서 국제 에어쇼에 처음 출전한 블랙이글스가 세계인들의 보편적인 예상을 뒤엎고 특수비행 분야의 군계일학으로 우뚝 선 것이다. 상설 특수비행팀 경력 18년 만에 이룬 쾌거라서 세계가 더욱 놀라며 의아하게 생각했다. 그러나 그것이 우연한 결과가 아니라 오랜 기간에 걸친 내공과 숙성된 실력에 의한 것임이 2014년 싱가포르 에어쇼를 통해 명확하게 밝혀졌다.

성공 법칙 1
블랙이글스 팀원들처럼 기회 포착의 1인자가 되어라.

청춘이여! 이제 100세 시대를 준비해야 한다. 그러니 서둘지 마라. 천 리 길도 한 걸음부터 시작된다는 사실을 잊지 마라. 자신의 능력과 기량을 철저하게 갈고 닦으면서 기지개를 마음껏 펼 수 있는 최적의 기회를 조용히 기다려라! 분명히 그대를 도와줄 뜻밖의 은인이 나타날 것이다. 누구에게나 쨍하고 해 뜰 날이 반드시 있다. 그 기회를 누가 먼저 멋있게 포착해서 자기 것으로 만드느냐에 따라 인생의 성패가 결정된다.

02. 두 얼굴

　에어쇼는 군용 및 민간 항공기, 부품, 기술 서비스의 지상 전시회와 관람객들에게 볼거리를 제공하는 특수비행으로 구성된다. 그런데 많은 사람들은 항공 이벤트의 하나인 특수비행을 에어쇼의 전부라고 생각한다. 그러나 에어쇼의 본질은 하늘을 쇼-윈도우로 삼아서 총성 없는 전쟁이나 첩보전을 벌이는 냉혹한 파워 게임이다. 어떤 의미에선 지상 전시회가 특수비행 못지않게 중요하다. 그러나 관람객의 입장에서는 직접 자신의 눈으로 바라보고 즐길 수 있는 특수비행이 최고일 수밖에 없다.

얼굴 1: 지상 전시회

　에어쇼의 첫 번째 얼굴은 지상 전시회다. 그것은 항공기 조립이나 부품 조달과 관련된 국제 협력 파트너를 물색하고 자국이 생산한 항공기를 구매할 고객을 찾는 데 주안점을 둔다. 또 거기서는 세계 방산 업체의 첨단 기술 동향과 미래 무기 시장에 대한 정보 탐색도 활발하게 이루어진다.

에어쇼에 참가한 국가들은 지상 전시회를 통해 자국산 항공기의 홍보전과 수주전도 치열하게 벌인다. 지상 전시회는 항공기와 무장 능력을 전시하고, 기체의 성능과 구매 가격, 부품 조달 및 군수 지원의 용이성 여부 등에 대해서도 상세한 정보를 제공해준다.

그러나 항공기를 구매하는 고객은 지상에 전시된 비행기만 보고 구입하지 않는다. 항공기 자체가 고가인데다 한번 구입하면 좋든 싫든 수 십 년을 사용해야 하기 때문이다. 따라서 고객은 항공기를 구매하기에 앞서 지상 전시회를 관람하는 것은 물론 자국 전투조종사를 파견해서 시뮬레이터 비행과 실제 비행을 시켜보기도 한다.

얼굴 2: 특수비행

에어쇼의 또 다른 얼굴은 여러 국가에서 출전한 특수비행팀들이 벌이는 현란한 공중 기동이다. 대다수의 사람들이 이것을 에어쇼라고 생각한다. 그러나 이것은 어디까지 관람객의 입장에서 하는 이야기일 뿐이다. 많은 국가들이 특수비행팀을 운영하는 주된 목적은 공군력의 대외 과시를 통해 자국 군대에 관한 국민들의 신뢰를 얻는 데 있다. 또 항공기를 생산하는 국가들은 특수비행을 통해 자국산 항공기의 우수성을 널리 홍보하기도 한다.

블랙이글스의 특수비행이 갖는 세 가지 의미

블랙이글스의 특수비행은 우리에게 많은 것을 시사해준다. 그 가운데 중요하다고 생각되는 세 가지 사항에 대해서만 언급하면 아래와 같다.

첫째, 블랙이글스의 특수비행은 KAI가 생산한 T-50B로 한다. 한국은 세계에서 12번째로 초음속 항공기를 생산하는 데 성공한 나라다. 제국주의로부터 해방된 신생 독립국 가운데 60년 만에 항공기 생산국의 반열에 오른 나라는 우리 밖에 없다. 그만큼 블랙이글스의 특수비행은 빈곤과 좌절의 고통을 겪고 있는 다른 나라들에 "하면 된다"와 "하늘은 스스로 돕는 자를 돕는다"는 희망의 메시지를 전해준다.

둘째, 블랙이글스의 특수비행은 미래의 꿈나무들에게 창공에 대한 꿈과 비전을 심어주는 교육의 장으로 최적이다. 위대한 발명이나 발견의 대다수는 책상 위의 교과서가 아니라 낯선 곳을 여행하거나 이색 체험을 하는 것에서 비롯되었다는 사실을 상기해 볼 때, 이는 매우 의미심장한 일이다.

특히 영국 에어쇼에서 거둔 블랙이글스의 잇따른 승전보는 질풍노도의 시기를 보내고 있는 우리 청소년들에게 큰 영향을 미쳤다. 블랙이글스는 광활한 창공을 마음껏 날고 싶은 욕망과 미지의 항공 우주 분야에 도전하고 싶은 청춘의 열정에 불을 지펴주었다. 청소년들에게 이런 블랙이글스의 활약은 과거에도 그랬지만, 앞으로 더 큰 영향을 미칠 것이 확실하다.

우리나라 항공 선각자들 가운데 에어쇼를 구경하고 나서 조종사가 된 사람들이 여럿 있다. 권기옥 여사(1901~1988)와 안창남 선생(1901~1930)이 대표적인 분들이다. 제1차 세계대전이 끝난 직후인 1917년 봄, 약 5만 명에 이르는 서울 시민들이 여의도 비행장에 모여들었다. 미국인 조종사 아트 스미스의 곡예비행을 보기 위해서였다. 그 엄청난 인파 속에 권기옥과 안창남도 있었다.

당시 서울 인구가 30만 명 정도였으니까 서울 시민의 약 6분의 1이 에어쇼를 관람한 셈이다. 옛날 사람들이 현대인들보다 에어쇼에 더 많은 관심을 가진 까닭은 볼거리가 마땅치 않았던 시기인데다 항공기가 주는 신비함과 희소성 때문이었다. 권기옥과 안창남은 커티스Curtiss호를 타고 신들린 사람처럼 곡예비행을 하는 아트 스미스에 홀딱 반한 나머지 조종사의 꿈을 꾸었다고 한다. 그들이 우리에게 큰 감동으로 다가오는 것은 조종 기술을 배워서 빼앗긴 나라를 되찾는 데 활용하려고 한 숭고한 애국심과 청춘의 도전 정신 때문이다.

  2012년 영국 하늘을 제패한 블랙이글스 조종사들도 1987년에 개봉된 영화 〈탑건Top Gun〉에서 주인공 역할을 맡았던 톰 크루즈에게 반해 공군이 된 사람들이 대부분이다. 영화 속의 톰 크루즈는 미 해군의 항공모함에 탑재된 F-14전투기(일명 톰캣)를 조종하며 세계의 많은 어린이들로 하여금 전투조종사를 꿈꾸게 만든 장본인이다.

  그러나 미래의 전투조종사들 중에는 "블랙이글스의 멋진 특수비행을 보고 나도 '빨간 마후라'가 되기로 결심했다"라고 말하는 사람들이 많을 것 같다. 왜냐하면 지금은 항공 관련 영화보다 블랙이글스의 특수비행을 볼 수 있는 기회가 훨씬 더 많아졌기 때문이다.

  게다가 요즘 젊은이들은 영어도 잘하기 때문에 국제 에어쇼에 참가해서 다양한 공중 기동을 관람한 후 외국의 유명 특수비행팀 조종사들과 기념 촬영도 하고 사인까지 받을 수 있다. 또 시간과 경제적인 제약이 따를 경우에는 굳이 에어쇼 현장까지 갈 필요도 없다. 스마트폰으로 제공되는 유튜브를 통해 에어쇼 관련 동영상을 실시간으로 관람할 수 있기 때문이다.

  셋째, 세계인을 놀라게 한 블랙이글스의 특수비행은 북한 당국에도 많은 것을 시사해주었다. 앞으로 서해 5도를 비롯한 우리 영토를 어설프게 공격했다가는 강력한 공군력 앞에서 뜨거운 맛을 보게 될 거라는 경고 시그널을 보내준 것이다. 블랙이글스의 특수비행은 우리 공군의 전술 기동 능력을 엿볼 수 있는 바로미터다. 따라서 북한 군부도 그 점을 예의 주시하며 간담이 서늘했을 것이다.

성공 법칙 2
블랙이글스 팀원들처럼 미래에 대한 꿈을 꿔라!

청춘의 특권은 미래에 대한 꿈을 꿀 수 있다는 점이다. 꿈이 없는 젊은이들에게 무슨 열정이나 도전 정신이 생기겠는가? 진실로 성공하고 싶다면, 자신의 미래 모습부터 확실하게 설정해라! 그런 다음, 그 꿈을 실현하기 위해 흔들림이 없는 자세로 묵묵히 노력해라. 그러면 성공적인 삶이 새벽이슬처럼 조용히 다가올 것이다.

03. 콜럼버스적 발상

영국 에어쇼 참가가 결정된 후 공군의 급선무는 T-50B 9대를 영국까지 어떻게 전개*할 것인가였다. 영국까지 비행해 가려면 여러 국가의 영공을 통과한 뒤 중간 기착지에 착륙해 항공유 보급 문제와 조종사의 숙식 문제까지 해결해야 한다. 그것이 말처럼 쉽지 않다. 알래스카 레드플래그 훈련처럼 공중 급유 방식을 선택할 수도 없었다. T-50B에는 공중 급유 장치가 없기 때문이다.

공군과 KAI는 국내에서 T-50B를 분해한 후, 민간 화물기(이하 B-747기)를 이용해 영국까지 수송하는 쪽으로 가닥을 잡았다. 또 현지에서 재조립하고 시험비행을 거친 뒤 세 개의 에어쇼에 참가하기로 결정했다. 국제 에어쇼 참가를 위한 첫 시도치고는 매우 힘들고 위험이 따르는 방법이었다. 영국 언론들은 공군과 KAI의 시도를 '콜럼버스적 발상'으로 바라보고 깊은 관심을 보였다.

---

* 전개란, 항공기를 자신의 소속 기지에서 다른 공군기지로 이동시키는 것을 말한다.

비장한 결의

 2012년 영국 에어쇼에 참가하기 전까지 블랙이글스는 무명의 특수비행팀이나 마찬가지였다. 어느 누구도 블랙이글스를 주목하지 않았다. 항공선진국들이 우리가 6·25남침전쟁의 폐허를 딛고 반세기만에 초음속 제트 훈련기 T-50을 개발했다는 사실에 대해서도 반신반의했을 정도다.
 그런 블랙이글스가 9대의 T-50B를 국내 분해 후 영국으로 운송, 현지 재조립, 시험비행 단계를 거쳐 3개 에어쇼에 모두 참가하겠다는 계획을 밝히자 영국 에어쇼 관계자들의 눈이 휘둥그레졌다. 그들은 "과연 한국이 그럴만한 능력을 갖춘 나라인가?", 또 "블랙이글스가 그런 수준의 군수 지원을 받는 특수비행팀인가?"라는 의혹의 눈초리로 우리 공군과 KAI를 주시했다.
 그러나 공군과 KAI는 그들의 시선에 조금도 주눅 들지 않았다. 자신감이 있었기 때문이다. 당초 T-50B의 국내 분해 기지와 B-747기의 이륙 기지는 사천기지였다. 그러나 엄청난 화물 무게가 사천기지의 활주로에 손상을 입힐 수 있다는 검토 결과에 따라 이륙 기지는 인천국제공항으로 변경되었다. 그 때문에 T-50B의 분해 기지도 인천국제공항과 가깝고 장비와 전문 인력 수급이 용이한 원주기지로 바뀌었다.
 한편, 9대의 T-50B 분해 작업은 KAI 주관으로 2012년 5월 11일부터 6월 4일까지 원주기지 군수전대 격납고에서 진행되었다. 분해는 본체, 엔진, 날개 등 10개 부문으로 이루어졌으며, 특히 날개 부분은 그 안에 들어있던 항공유까지 완전히 제거하는 작업이 별도로 진행되었다. 운송 과정에서 발생할지도 모르는 화재나 폭발 사고를 미연에 방지하기 위함이었다. 또 분리된 T-50B의 조각들마다 일련번호가 정확하게 매겨졌다. 이는 영국 현지에서 재조립을 할 때, 일련번호의 역순으로 조립하면 시간 절약은 물론 조립의 완벽성까지 거둘 수 있기 때문이다.

50여 명의 KAI 측 전문기술진이 9대의 T-50B를 모두 분해하는 데 걸린 시간은 약 40일 정도였다. 전문기술진 5명이 T-50B의 엔진 하나만 분리하는 데도 2~3시간이 소요되었다. 게다가 T-50B의 분해는 고도의 정교하고 정밀한 작업을 필요로 하기 때문에 이틀 작업하고 하루 쉬는 방식으로 진행했다. 그렇게 해서 9대의 T-50B를 3대씩 세 차례에 걸쳐 분해 작업을 완료한 후 특별 수송 작전에 돌입했다.

분해된 3대의 T-50B는 15m짜리 대형 트레일러 3대에 옮겨진 후, 무장 헌병의 호송을 받으며 원주기지에서 인천국제공항까지 운송됐다. 이때 T-50B 본체에 특수 제작된 13m짜리 커버를 씌웠기 때문에 일반인들은 그것의 정체를 알 수 없었다. 사천기지 활주로의 안전을 위해 분해 기지와 이륙 기지를 달리했기 때문에 분해된 항공기의 육로 수송은 불가피한 일이었다. 공군과 KAI는 B-747기를 이용한 세 차례의 특별 수송 작전을 통해 9대의 T-50B를 영국까지 실어 날랐다.

또 다른 난항

그런데 영국에서 예상치 못한 문제가 또 발생했다. 당초 계획한 B-747기의 착륙 장소는 리밍Leeming 기지였다. 그러나 대한항공은 B-747기가 분해한 3대의 T-50B를 싣고 7,500피트(2,286m)짜리 활주로에 착륙할 경우 과다 중량에 따른 안전상의 문제가 있을 수 있다며 활주로 길이가 좀 더 긴 맨체스터 공항으로 착륙 장소를 변경해줄 것을 요구했다. T-50B 1대의 중량이 7톤이므로 B-747기에 실린 화물 무게만 21톤에 달했다.

그 때문에 맨체스터 공항에서 하역 및 통관 절차를 마친 9대의 T-50B를 리밍 기지까지 육로로 운송해야 하는 부담이 추가되었다. 그것도 세 번에 걸쳐서. 국내에서도 힘든 대규모 운송 작전을 먼 타국 땅에서 해야 하는 어려움은 이루 말할 수 없었다. 그러나 우리 군수 지원 요원들은 자신이 맡은 임무를 묵묵히 수행했다. 9대의 T-50B를 원주기지에서 영국 리밍 기지까지 왕복으로 운송하는 데만 약 70억 원이 소요되었고 그것은 KAI가 전액 부담했다.

KAI는 원주기지에서 맨 처음 3대의 T-50B를 분해하는 일을 맡은 전문기술진을 곧바로 영국 리밍 기지에 급파해서 그곳으로 운송되는 T-50B를 순차적으로 재조립하도록 조치했다. 현지 조립은 눈비나 햇빛만 겨우 가릴 수 있는 행거*에서 이루어졌지만 KAI

---

* 행거(hangar)란 철골 구조물로 이루어진 정비고를 말한다. 콘크리트 구조물인 격납고보다 약간 크고 견고한 시설이다.

의 전문기술진은 9대의 T-50B를 완벽하게 재조립했다. 이는 KAI 소속의 시험비행사인 권희만 조종사와 강철 조종사의 성공적인 시험비행으로 입증되었다.

찬사

이런 일련의 과정을 가까이에서 지켜본 영국 공군참모총장은 KAI 전문기술진과 블랙이글스 군수지원팀의 모습에 감동을 받았다. 그가 블랙이글스에게 리밍 기지 격납고, 편의시설, 군수 지원 장비 일체에 대한 전폭적인 지원을 약속한 것도 그 때문이다. BBC와 CNN 방송을 비롯한 세계 유수 언론들도 비좁은 행거 안에서 KAI의 전문기술진에 의해 9대의 T-50B가 완벽하게 재조립되는 과정을 자세히 소개하며 깊은 관심과 놀라움을 나타냈다.

이를 통해 한국은 초음속 제트 훈련기의 생산 국가일 뿐만 아니라 조립 기술 수준도 만만치 않음을 세계인들에게 널리 홍보할 수 있었다. 이는 1년 6개월 후, 12대의 FA-50 전투기(이하 FA-50)가 필리핀에 수출되는 쾌거로 이어졌다. 금액만도 4억 2천만 불에 달하는 규모였다. 참고로 FA-50은 T-50에 초정밀 레이더와 첨단 야간 투시 장치를 장착해 전투 및 생존 능력을 크게 향상시킨 초음속 전투기다. 공대공 및 공대지 미사일은 물론 합동 정밀 직격탄과 다목적 정밀 유도 확산탄까지 장착해 무장할 수 있다.

경주마가 명마名馬로 인정받으려면 여러 경주마 대회에 출전해서 우승을 거머줘어야 한다. 마찬가지로 국산 항공기가 명품 항공기의 반열에 올라서기 위해서는 그것을 국제 에어쇼에 출전시켜 뛰어난 기체 성능과 무장 능력의 우수성을 검증받아야 한다. KAI는 그 목적을 달성하기 위해 71억 5,000만 원을 과감하게 투입했고, 블랙이글스는 국산 항공기가 세계인의 뇌리에 각인될 수 있도록 멋진 에어쇼로 보답했다. 그것을 위해 블랙이글스와 KAI가 손을 잡고 먼 길을 돌고 돌아 리밍 기지까지 갔던 것이다. 그리고 그들의 콜럼버스적 발상은 대성공을 거두었다.

성공 법칙 3
블랙이글스 팀원들처럼 발상의 전환을 즐겨라!

외골수적인 자세로 한 방향만 고집하면 자칫 일을 망치거나 미아(迷兒)가 될 수도 있다. 그럴 때는 마음의 여유를 갖고 우회해서 돌아가는 지혜가 필요하다. 즉 한 발짝 뒤로 물러나서 느긋한 마음으로 발상의 전환을 시도하라. 마치 콜럼버스가 달걀을 깨트려서 세웠던 것처럼. 세상을 변화시키는 가장 강력한 무기는 발상의 전환이다.

04. 마지막 담금질

　T-50B를 분해하는 작업이 시작되면서 블랙이글스 조종사들은 모두 광주기지로 전개했다. 그곳에서 T-50B와 가장 유사한 성능의 T-50을 빌려서 영국 에어쇼를 대비한 사전 훈련을 실시하기 위해서였다.
　특히 광주기지는 블랙이글스 조종사들에겐 신혼집과 같은 곳이었다. 2008년 블랙이글스가 광주기지에다 신접살림을 차리고 T-50으로 기종을 전환하는 일을 시작했기 때문이다. 따라서 T-50과 숙소는 원주기지보다 조금 불편했지만 마음만큼은 사랑하는 아내와 신혼의 달콤한 시기를 보낼 때처럼 편안하고 아늑했다.
　주어진 훈련기간은 2012년 5월 21일부터 6월 19일까지 약 한달 정도였다. 그곳에서 블랙이글스 조종사들은 원주기지에서 파견된 정비사 세 명, 홍보 지원 요원 네 명과 함께 생활했다. 그들은 광주기지에서 혹독한 훈련을 소화해야만 했다. 왜냐하면 영국 에어쇼 주최 측과 여러 차례 전화와 이메일을 통해 비행 일정과 협조

사항을 논의하는 과정에서 예상하지 못한 문제들이 계속 발생했기 때문이다. 특히 그곳의 비행 규정과 조건이 블랙이글스가 평소 훈련해온 것과 사뭇 달랐다.

한국에서는 제한 사항에 해당되지 않는 일부 공중 기동 과목이 영국 에어쇼에서는 엄격하게 통제되고 있었다. 이는 위험한 기동이나 비정상적인 기동을 금지해 관람객의 신변을 보호하기 위한 일종의 안전장치였다. 그러나 영국 에어쇼에 참가하기로 결정한 이상, 블랙이글스는 그곳의 비행 룰을 철저히 따라야만 했다. 마치 로마에 가면 로마법을 따라야 하듯이.

금지 사항

블랙이글스 조종사들의 안전을 위협하는 것 가운데 하나는 기존 공중 기동 과목을 갑자기 변경하는 경우다. 오랫동안 반복된 훈련과 견고한 팀워크를 바탕으로 자신들에게 낯익은 기동을 함부로 변경해서 조종사가 본인의 임무 절차나 비행 위치를 순간적으로 착각할 경우, 이는 대형 공중 참사로 이어질 가능성이 매우 높기 때문이다.

따라서 블랙이글스 조종사들은 자신들이 준비한 에어쇼 타임이 그대로 유지되길 희망한다. 에어쇼 타임이 25분이라면, 그들은 에어쇼 주최 측이 그것을 100% 보장해주길 원한다. 만약 주최 측이 에어쇼 타임을 20분으로 제한할 경우, 그들은 중간의 공중 기동 과목을 빼는 것보다 25분짜리 에어쇼를 20분까지만 하고 나머지 공중 기동 과목은 생략하는 쪽을 선호한다. 그것이 블랙이글스 조종사들의 비행 안전을 위해 더 바람직하기 때문이다. 물론 그럴 경우 에어쇼의 완성도는 떨어질 수밖에 없다.

다행스럽게도 영국 에어쇼에서는 그런 문제는 일어나지 않았다. 블랙이글스에게 에어쇼 타임을 전적으로 일임했기 때문이다. 다만, 에어쇼 주최 측은 관람객들의 안전을 위해 블랙이글스의 에어쇼에 대해 두 가지 제한 사항만 통보했다.

하나는 T-50B의 최저 비행 고도는 100m 이상, 관중석으로부터는 230m 이상을 유지하며 그들의 머리 위로 비행해서는 절대로 안 된다는 것이었다. 다른 하나는 스닉 패스Snick Pass, 에셜론 리뷰Echelon Review, 웨지 브레이크Wedge Break 기동을 할 때 진입 방향과 진입 속도를 변경하고, 관중석 바로 위 상공으로 비행하는 것을 금지하고, 타이푼/스플릿Typhoon/Split 랜딩*을 피치 업Pitch Up 랜딩**으로 변경해야 한다는 것이었다. 이는 과거 영국 에어쇼에서 항공기 추

---

* 타이푼/스플릿 랜딩이란, 항공기가 크라우드 라인(Crowd Line)을 기준으로 좌우(〈) 형태로 기동한 후 착륙하는 것을 지칭한다. 이때 관중석이 침범당하기 때문에 항공기 사고 발생 시 관중석이 위험할 수 있다.

** 피치 업 랜딩이란, 항공기가 관람석의 침범을 막기 위해서 관람석 밖으로 기동(╱╱)을 한 후 착륙하는 것을 말한다.

락 사고로 조종사와 많은 관람객이 한꺼번에 사망한 데 따른 것이었다.

다행히 이들 제한 사항은 블랙이글스 조종사들이 T-50B의 진입 경로와 기동 형태를 약간 바꾸는 것으로 충분히 극복할 수 있었다. 그렇지만 낯선 비행 환경에서 제한 사항을 완벽하게 극복하고 최상의 에어쇼를 시현하기 위해서는 국내에서 그와 유사한 환경을 설정해놓고 피나는 반복 훈련을 실시해야만 했다. 거기에는 우리나라와 비행 환경이 다른 영국 특유의 계기 비행 절차도 포함되었다.

실전보다 더한 훈련

영국 리밍 기지와 판버러 공항의 활주로 길이, 변덕스러운 현지 날씨, 리밍 기지로부터 멀리 떨어져 있는 에어쇼 현장도 문제였다. 우선 국내 공군기지의 활주로는 9,000피트(2,748m)인데 반해, 리밍 기지 활주로는 7,500피트(2,286m)였고 단기 기동에 나설 판버러 공항의 활주로는 6,800피트(2,072m)로 더 짧았다. 9,000피트의 활주로에 익숙한 블랙이글스 조종사들에겐 그것도 하나의 심적 부담으로 다가왔다.

급변하는 영국의 돌발 기상도 극복해야 할 과제였고, 에어쇼 현장까지의 먼 거리는 장거리 항법으로 대처해야 했다. 원주기지 신익현 비행단장은 김영화 블랙이글스 대대장에게 "숏 필드Short Field 착륙 훈련*과 계기 비행 훈련을 강화해서 그런 문제들을 철저하게 극복하라"라고 지시했다.

블랙이글스 조종사들은 매일같이 혹독한 비행 훈련과 디브리핑Debriefing(임무 완수 후 브리핑)으로 에어쇼의 완성도를 높여나갔다. 광주기지에서 임시로 빌린 T-50과 블랙이글스가 운용하고 있는 T-50B는 같은 T-50 계열 항공기이지만 기능 면에서는 적지 않은 차이가 있다. 그러나 조종사들의 에어쇼 기량을 숙달하는 데는 큰 문제가 없었다. 그들은 T-50이 T-50B와 최대한 조종 특성이 유사하도록 항공기의 날개 끝에 비저블 라이트visible light**의 대용으로 라운처Launcher(미사일 장착대)를 장착하고 비행했다. 그렇게 아주 작은 부분까지 섬세하게 고려하면서 완벽한 훈련을 추구했다.

또 그들은 싱크로 2기 편대, 솔로 2기 편대, 포메이션 4기 편대로 구분한 조별 훈련으로 시작해서 8대의 항공기가 일사분란하게 디스플레이를 하는 단계로 훈련 강도를 높여 나갔다. 그러나 광주기지 주변의 지역민들이 소음 민원을 제기하는 바람에 그들의 훈련은 당초 계획보다 축소될 수밖에 없었다.

---

* 숏필드 착륙 훈련이란 항공기가 지상에 착륙한 후, 짧은 거리를 달리고서 멈춰 세울 수 있는 훈련을 의미한다. 일명 단거리 착륙 훈련이라고 말한다.
** 비저블 라이트는 항공기의 기동 모습이나 위치 파악을 보다 쉽게 하기 위해서 항공기의 날개 끝에 장착한 일종의 불빛 등을 의미한다.

처음엔 총 72소티*(8기 기동 9회)의 비행 훈련을 계획했지만, 48 소티(8기 기동 6회)로 모든 비행 훈련을 마치고 영국행 민간 여객기에 몸을 실었다. 광주기지에서 한 피나는 담금질이 영국 하늘에서 반드시 보상받게 될 것임을 확신하면서……. 그들은 그렇게 영국으로 날아갔다.

> **성공 법칙 4**
> **블랙이글스 팀원들처럼 자신의 재능을 비장의 카드로 담금질하라!**

성공한 사람들의 공통점은 자신의 재능을 비장의 카드로 만들었다는 사실이다. 낭중지추와 군계일학 같은 존재가 되는 것은 그리 어렵지 않다. 무엇이든지 자신의 재능을 발견하고, 그것을 끈질기게 담금질하면서 날카로운 송곳이나 칼날로 벼려라. 그렇게 되면 성공은 따 놓은 당상이다.

---

* 소티(sortie)란 항공기의 출격 회수를 가리키는 말이다. 가령 T-50B 1대가 한 번 이륙해서 비행 임무를 완수하고 착륙했을 때 1소티를 했다고 말한다. 8대의 T-50B가 이륙해서 에어쇼를 마치고 지상에 착륙하면 8소티를 했다고 말한다.

05. 기적

블랙이글스 조종사들과 판버러 에어쇼에서 단기 기동을 할 두 명의 조종사가 영국 리밍 기지에 도착한 것은 2012년 6월 21일 저녁이었다. 이들은 시차 적응을 위해 3일간 휴식을 취하고 4일째인 6월 25일 오후 3시부터 첫 비행을 실시했다.

당시 블랙이글스의 리더였던 전욱천 중령은 그날의 비행 소감을 이렇게 말했다. "국산 T-50B를 타고 영국 상공을 비행한다고 생각하니 정말로 자랑스럽고 감격스러워서 눈물이 나오려고 합니다. 오늘은 저에게 아주 뜻 깊은 하루가 될 것 같습니다." 60여 년 전, 6·25남침전쟁으로 백척간두의 위기에 처한 대한민국을 구하기 위해 UN군의 일원으로 참전했던 영국의 하늘을 국산 T-50B를 타고 비행한다고 생각하니 가슴이 뭉클했던 것이다. 다른 블랙이글스 조종사들의 마음도 똑같았다.

첫 비행은 예비기를 포함한 9대의 T-50B가 리밍 기지를 이륙해서 블랙이글스의 훈련 공역*으로 사용할 스켐튼Scampton 기지 상공의 지형관숙**을 실시했다. 당초 블랙이글스는 리밍 기지에서 적응훈련을 할 계획이었다. 그러나 영국 교통부가 그것을 허가하지 않았다. 인근 고속도로를 지나는 차량들이 저고도로 비행하는 블랙이글스의 훈련 모습을 지켜볼 경우, 교통사고가 발생할 수 있다는 우려에서다.

리밍 기지에서 스켐튼 기지까지는 직선거리로 100km 정도였다. 블랙이글스는 영국 동북부 요크셔 스카보로 시 인근 해안과 영국에서 가장 유명한 건축물 중 하나인 요크 시 요크민스터 대성당, 킹스턴 어폰헐 시, 동부 해안의 홈버 대교 등 랜드마크를 공중 촬영하기 위해 비행경로를 지그재그로 하면서 천천히 날았다.

사진 촬영은 블랙이글스 9번기가 담당했다. 조종사는 김완희 소령, 사진 촬영은 후방 조종석에 탑승한 편보현 상사가 맡았다. 편상사는 제주도 성산일출봉과 유사한 스카보로 성터 상공을 비행하는 8대의 T-50B를 찍은 후 국내에 전송했다. 그 사진은 국내 언론 및 방송 매체에 보도되면서 영국 에어쇼의 상징이 되었다.

와딩턴 에어쇼는 1995년부터 매년 개최되는 영국 공군의 최대 에어쇼이다. 블랙이글스는 6월 25일부터 27일까지는 스켐튼 기지에서 24소티(8기 기동 3회)의 적응 훈련을 마쳤고, 28일과 29일은

---

* 공역이란 일종의 비행 구역을 의미한다.
** 지형관숙은 비행 안전을 위해 항공기에 탑승한 후, 그곳의 지형지물을 꼼꼼하게 살펴보는 것을 의미한다.

평가비행*과 미디어데이** 행사를 위한 에어쇼를 각각 한 차례씩 했다. 그러면서 6월 30일과 7월 1일, 수많은 관람객들이 운집하는 기지 개방 형식의 메인 에어쇼에 대비했다.

평가비행 이후, 영국 언론들이 블랙이글스의 에어쇼에 주목하기 시작했다. 모든 심사위원들이 "블랙이글스의 디스플레이는 부드럽고 정확하며 타이트했다"고 극찬했기 때문이다. 이때부터 블랙이글스가 와딩턴 에어쇼의 강력한 우승 후보라는 이야기가 여기저기서 흘러나오기 시작했다.

하늘은 스스로 돕는 자를 돕는다!

6월 30일 13만 명의 관람객들로 가득 찬 와딩턴 기지의 하늘은 아침부터 짙은 구름을 낮게 드리우며 금방이라도 폭우를 퍼부을 태세였다. 블랙이글스의 에어쇼는 오후 2시 30분으로 예정되어 있었다. 오전에 몇 팀의 에어쇼가 끝나고 폴란드 특수비행팀이 에어쇼를 하는 도중, 갑자기 폭우와 함께 천둥벼락이 천지를 진동했

---

* 평가비행이란, 벨리데이션(Validation) 비행이라고도 한다. 에어쇼에 참가한 각 특수비행팀의 공중 기동이 영국 에어쇼의 안전 규정에 부합하는지 여부를 검증하는 비행이다. 여기서 합격점을 받아야만 에어쇼 본선에 참가할 자격을 준다.

** 미디어데이란, 언론 및 방송 매체 종사자들을 대상으로 에어쇼를 미리 보여주는 것을 말한다.

| 8대의 T-50B가 스카보로 섬터 상공을 비행하고 있다.

다. 그들은 제 기량을 충분히 발휘하지 못한 채, 가까스로 에어쇼를 마쳤다. 순간 블랙이글스에게도 불안이 엄습해왔다. 폭우가 쏟아지자 관람객들은 제각기 흩어졌고 블랙이글스 조종사들도 인근 건물의 처마 밑에 모여서 에어쇼를 구경해야 했다. 그들의 얼굴에는 근심이 가득했다.

그런데 거짓말처럼 기적이 일어났다. 오후 1시부터 비가 그치고 햇빛이 와딩턴 기지를 환하게 비춰주었다. 마치 블랙이글스의 뜨거운 열정에 하느님도 감동해서 하늘 길을 열어준 것 같았다. 블랙이글스 정비팀이 제일 먼저 움직였다. 그들은 기체와 캐노피 Canopy 유리에 묻은 빗물과 기름때까지 깨끗이 닦아냈다.

전욱천 중령은 그때의 느낌을 이렇게 말했다. "가변적인 기상 상황에서 과연 에어쇼를 할 수 있을지를 고민했을 때, 파란 하늘이 나타났습니다. 오늘은 우리를 위한 날이구나 하는 생각이 딱 들었습니다. 정말 그때는 하늘에 감사했습니다."

　오후 2시 30분 정각, 8대의 T-50B는 관제탑의 이륙 허가와 동시에 하늘로 솟구쳐 오른 다음, 24개 공중 기동 과목을 완벽하게 시현하고 무사히 착륙했다. 7월 1일도 마찬가지였다. 블랙이글스가 에어쇼를 하려고 하면 잔뜩 찌푸리던 와딩턴의 하늘도 언제 그랬냐는 듯이 밝게 웃었다. 블랙이글스 조종사들도 자신의 비행 기량을 100% 발휘했다. 영국 날씨는 물론 관람객들도 모두 블랙이글스 편이었다. 블랙이글스를 향한 관람객들의 찬사가 쏟아져 나왔다.

　"정말 대단한 공연이었습니다. 아슬아슬할 정도로 비행하는 장면과 그들의 팀워크는 단연 세계 최고였습니다.", "지금까지 이렇게 완벽한 에어쇼를 본 적이 없습니다.", "블랙이글스의 내레이션과 배경음악도 수준급입니다", "한국은 휴대폰, TV, 자동차, 에어컨만 잘 만드는 나라가 아니네요. 블랙이글스의 에어쇼도 명품입니다."

관람객들이 홀딱 반한 이유

　블랙이글스가 관람객들의 시선을 사로잡은 데에는 다 그럴만한 이유가 있었다. 우선 블랙이글스 홍보팀의 최동훈 중위가 유창한 영어로 구사한 내레이션이 관람객들의 가슴을 후벼 팠다. 그는 짧고 강렬한 어조를 유지하면서도 때론 부드러웠다. 또 그의 내레이션은 기동의 형태보다는 T-50B의 진입 방향을 미리 예고해주는 데 초점을 맞췄다. 그 때문에 관람객들은 한순간도 T-50B로부터 눈을 떼지 못했다.

둘째, 블랙이글스 에어쇼의 배경음악도 관람객들의 심금을 울려주었다. 배경음악과 내레이션이 없는 에어쇼는 마치 무성 영화를 보는 것처럼 무미건조하다. 블랙이글스는 영국인 록그룹이 불러 히트한 〈I was born to love you〉를 배경음악으로 선정했다. 다분히 영국 관람객들을 의식하고 선정한 음악이었지만 결과는 대성공이었다. 영국인들이 자국 가수가 부른 음악을 배경으로 멋진 에어쇼를 펼치는 블랙이글스에게 친근감을 느꼈다. 셋째, 아음속과 초음속을 동시에 소화할 수 있는 T-50B의 우수한 성능이다. 아음속 항공기는 가감속加減速 능력이나 추력이 부족해서 시현 효과가 좀 떨어진다. 반면, 추력이 강력한 F-16 전투기는 시현 효과는 크지만 한 번 기동하고 나면 한참 뒤에야 나타나기 때문에 관람객들은 지루함을 느낀다. 그런데 T-50B는 고속 능력과 저속 능력은 물론 애프터버너Afterburner까지 갖고 있어서 추력도 뛰어나다. 따라서 스릴과 박진감이 넘치는 기동이 가능했다. 또 10초에 한번 꼴로 2기, 4기, 5기, 6기, 7기, 8기의 현란한 대형 변경을 시도함으로써 관람객들은 지루함을 느낄 시간이 없었다.

7월 1일 밤, 화려한 시상식이 열렸다. 이 자리에서 와딩턴 에어쇼 평가단은 만장일치로 블랙이글스를 최우수상 수상자로 선정했다. 김영화 블랙이글스 대대장은 참석자들의 환호를 받으며 에이케이 길레스피AK Gillespie 대령(와딩턴 왕립 공군기지 비행단장)으로부터 최우수상 'The Best Flying Display Team'을 받았다. 부상은 호리병 모양의 크리스털 트로피였다.

그날 밤, 블랙이글스 팀원들은 숙소인 링컨 대학교 기숙사에서 조촐한 자축 파티를 열었다. 참석자들은 크리스털 트로피에 위스키를 담아 한 잔씩 들이켰다. 김영화 대대장과 블랙이글스 조종사들은 항공기 정비를 위해 하루 종일 주기장에서 비를 맞으며 수고한 정비팀장 이우영 대위와 정비팀원들이 먼저 마실 수 있도록 배려했다. 그들의 얼굴은 알코올 효소와 환희가 어우러져 홍조를 띠었고, 그들의 눈빛은 리아트 에어쇼에서 선전할 것을 다짐하는 결의로 가득 찼다. 승리한 사람만이 느낄 수 있는 아름다운 밤이 계속되었다.

성공 법칙 5
블랙이글스 팀원들처럼 가슴에 뜨거운 열정을 품어라!

열정이 기적을 만든다. 또 기적은 피나는 노력과 뜨거운 열정에 대한 하나님의 선물이다. 그러니 불타는 열정으로 자신이 정말로 하고 싶은, 그리고 제일 좋아하는 일에 일로매진하라. 그러면 당신도 기적과 친구할 수 있다. 그런 점에서 기적은 결국 사람이 만들어내는 것이다. 다만, 하나님께서는 그것을 보기 좋게 포장해주실 뿐이다.

06. 참모총장의 눈물

2012년 7월 4일 오전 블랙이글스 조종사들은 7대의 T-50B를 페어포드 기지로 전개시켰다. 오후에는 단기 기동 훈련을 위해 판버러 공항으로 전개했던 두 대의 T-50B도 그곳으로 합류했다. 페어포드 기지가 리아트 에어쇼의 주 행사장이기 때문이다.

리아트 에어쇼는 1971년부터 매년 개최되고 있으며, 가장 많은 군용 항공기들이 참가하는 세계 최대의 군사 에어쇼로 유명하다. 7월 4일부터 9일까지 진행된 리아트 에어쇼의 절정은 26만 명의 관람객들이 운집했던 7월 7일과 8일의 퍼블릭 데이Public Day* 행사였다. 7월 5일과 6일은 VIP 투어VIP Tour**와 다른 특수비행팀들에 대한 평가비행이 이루어졌고, 블랙이글스는 각각 1회씩 사전 훈

---

* 퍼블릭 데이(Public Day)란 일반 관람객들이 에어쇼를 볼 수 있는 날을 의미한다.
** VIP 투어(VIP Tour)는 에어쇼 주최국의 대통령이나 고위직 공무원, 공군참모총장을 비롯한 군 고위직 인사, 에어쇼에 참가한 방산업체 CEO 등에게만 에어쇼를 보여주는 날이다. 이날 일반관람객들의 출입은 엄격하게 통제된다.

련을 실시했다. 에어쇼 주최 측은 블랙이글스의 평가비행을 면제해주었다. 와딩턴 에어쇼에서 그 능력을 검증 받았다는 취지에서였다.

마침내 기다리던 7월 7일 아침이 밝았다. 8대의 T-50B가 페어포드 기지 관제탑의 이륙 허가를 받고 3대, 3대, 2대 순으로 멋지게 날아올랐다. 이륙하고 3분 후, 8대의 T-50B는 빨강, 파랑, 하양 삼색의 스모크smoke를 내뿜으며 빅-애로우Big-Arrow 대형으로 에어쇼를 시작했다.

태극 기동

저고도에 구름이 많았지만 에어쇼 전반부는 하이 쇼High Show를 진행하며 웅장하고 섬세한 8기 포메이션Formation 기동*을 선보였다. 그러나 10여분 후에 낮은 구름대가 에어쇼 현장을 덮으면서 조종사들은 불가피하게 로우 쇼Low Show로 임무 전환해야 했다. 지상 통제 차량에서 에어쇼 전반을 지휘하던 김영화 대대장은 애간장이 탔다. "이대로라면 오늘도 블랙이글스의 필살기인 태극 기동

---

* 8기 포메이션 기동이란 8대의 T-50B가 대열에서 이탈하지 않고 함께 비행하며 다양한 공중 기동을 하는 것을 의미한다.

을 포기할 수밖에 없을 것 같다!"

 그런데 4~5분이 지나자 거짓말처럼 구름대가 사라지면서 파란 하늘이 나타나기 시작했다. 에어쇼 종료를 3~4분 남겨놓은 시점이었다. 그는 급히 7, 8번 조종사를 호출했다. 그리고 "지금 즉시 태극 기동을 위해 수직 상승할 수 있느냐?"고 물었다. "네Roger." 그들의 대답은 굵고 짧았다. 김 대대장은 "그럼 태극 기동으로 에어쇼를 마무리하라"고 지시했다. 그 말이 떨어지기가 무섭게 7, 8번기 조종사는 재빠른 속도로 급상승하면서 평소 훈련한대로 태극 기동을 멋지게 선보였다. 물론 태극 기동의 시작과 함께 배경음악도 재빠르게 〈아리랑〉으로 바꿨다. 블랙이글스의 순발력이 또 한 번의 리아트 상공에서 진가를 발휘하는 순간이었다.

 태극 기동은 영국 하늘에 대한민국을 수놓는 것을 뜻한다. 내레이션을 맡은 최동훈 중위는 유창한 영어로 26만 명의 관람객들에게 태극 기동과 배경음악 〈아리랑〉의 의미에 대해 친절하게 설명했다. 태극 기동이 끝나자 관람객들은 하나같이 블랙이글스를 향해 우레와 같은 박수를 쳐주었다. 관람석 여기저기서 "땡큐 코리아", "원더풀 코리아", "넘버 원 코리아"가 터져 나왔다. 비록 국가는 다르지만 국기에 대한 존경심은 누구에게나 마찬가지라는 사실을 재확인할 수 있었다.

참모총장의 눈물

같은 시각, 성일환 공군참모총장은 리아트 에어쇼 현장의 VIP룸에서 각국 공군참모총장들과 함께 여러 특수비행팀들의 에어쇼를 지켜보고 있었다. 그는 에어쇼 전에 후배 조종사들을 만나 격려해 주고 싶었지만 혹시라도 심리적 부담을 줄까봐 일부러 멀찌감치 떨어져서 그들의 모습을 지켜보는 것으로 만족했다.

그런데 블랙이글스의 에어쇼가 끝나자 각국 공군참모총장들은 성 총장에게 다가와 엄지손가락을 치켜세우며 극찬했다. 성 총장과 그의 아내는 뛰는 가슴을 주체하기 힘들었다. 자신이 봐도 블랙이글스의 에어쇼가 단연 세계 최고였기 때문이다.

VIP룸을 빠져나온 성 총장은 정경두 전력기획참모부장(현 합참 전략기획본부장)과 함께 T-50B의 주기장으로 향했다. 그곳에는 블랙이글스 팀원들이 그의 도착을 기다리고 있었다. 그의 일행은 3열 횡대로 도열해 있는 블랙이글스 팀원들 앞에 섰다. 그들은 박은성 대령의 구령에 맞춰 성 총장에게 거수경례를 했다.

"필승!"

성 총장은 까맣게 그을린 얼굴을 한 채 하얀 이를 드러내며 우렁찬 거수경례로 자신을 맞아준 블랙이글스 팀원들과 일일이 악수를 하며 그간의 노고를 치하했다. 그리고 격려사를 하려는 순간, 그는 더 이상 말을 잇지 못하고 눈물을 흘렸다. 비서실장이 그에게 손수건을 건네주는 동안 잠시 침묵이 흘렀다. 그 모습을 지켜

l 영국 하늘을 화려하게 장식한 블랙이글스의 탁월한 에어쇼를 보고 감동한 성일환 참모총장이 눈물을 흘리고 있다.

보던 블랙이글스 팀원들의 눈가에도 이슬이 맺히기 시작했다.

복받쳐 오르는 감정을 애써 추스른 성 총장은 자랑스러운 부하들에게 격려 메시지를 전했다. "고생 많았고, 정말 자랑스러운 대한민국의 블랙이글스……. 사실 우리가 해방되고 난 뒤에, 그것도 어떻게 보면 해가 지지 않는 영국 땅에서 우리가 비행할 수 있다는 것 자체가, 그것도 보통 비행이 아니고……. 우리 블랙이글스가 전 세계 많은 사람들이 보는 앞에서 정말로 멋지게 비행하는 모습을 보니까, 총장으로서 너무나도 가슴이 벅찹니다."

짧은 격려사였음에도 불구하고 성 총장의 말은 중간에 여러 번 끊겼고 목소리는 연신 떨렸다. 뒤에서 남편의 뒷모습을 물끄러미 지켜본 그의 아내 역시 눈물을 훔치고 있었다. 지금도 블랙이글스 팀원들은 먼 이국땅에서 멋진 에어쇼를 마치고 자신들의 수장首長과 함께 흘렸던 감동의 눈물을 잊지 못하고 있다.

7월 8일에도 블랙이글스의 에어쇼는 계속되었다. 이 날은 기상 여건이 좋지 못한 관계로 전날 수많은 관람객들에게 진한 감동을 주었던 태극 기동을 하지 못하고 로우 쇼로 에어쇼를 마무리했다. 블랙이글스의 완벽한 공중 디스플레이는 전날에 이어 영국 전역에 깊은 감동과 화제를 낳았다. BBC를 비롯한 세계적인 방송 및 언론 매체들도 연일 블랙이글스의 에어쇼를 크게 보도하면서 대한민국 공군과 T-50B에 대해 폭발적인 관심을 나타냈다.

화려한 파티

그날 저녁 리아트 에어쇼에 참가했던 각국 특수비행팀 관계자들이 행거 파티Hanger Party를 위해 한 자리에 모였다. 그것은 리아트 에어쇼의 성공적 개최를 자축하는 의미에서 주최 측이 마련한 파티였다. 다소 늦은 저녁 시간에 시작된 파티였지만 다른 특수비행팀과 어울릴 수 있는 좋은 기회였다. 그리고 우수한 성적을 거둔 에어쇼팀에게 시상을 하는 훈훈한 자리이기도 했다.

맨 먼저 일본에서 참가한 수송기팀이 난타 공연으로 행거 파티의 분위기를 띄웠다. 이어 시상식이 진행되었다. 블랙이글스는

| 영국 리아트 국제 에어쇼에서 최우수상을 수상한 블랙이글스 조종사들이 시상자인 파이잘 요르단 왕자와 함께 기념 촬영을 하고 있다.

두 번째 시상 순서에서 1,400명의 항공 마니아들의 투표로 뽑은 인기상The As the Crow Flies Trophy 수상자로 호명되었다. 데이비드 하이햄David Higham(영국공군후원협회 예산지원부장)이 김영화 대대장에게 시상했다. 그가 보기엔 후배 조종사들이 기뻐하면서도 약간은 서운해하는 것 같았다. 하지만 그는 인기상이 끝이 아니라는 것을 직감했다.

그가 행거 파티 장소에 도착했을 때 어느 여성 한 분이 슬그머니 다가와서 "블랙이글스가 깜짝 놀랄 만한 선물을 준비했다. 오늘밤은 당신들이 주인공이니 맘껏 즐겨라"라고 귀띔을 해주었기 때문이다. 그런데 그 여성이 지금 시상식을 주도하고 있는 게 아닌가!

행거 파티의 하이라이트는 리아트 에어쇼의 최우수상The King Hussein Memorial Sword을 발표하는 순간이었다. 모든 사람들의 시선이 그 여성 사회자에게 집중되었다. "이 자리에 모이신 여러분에게 리아트 에어쇼의 심사위원 7명이 만장일치로 선정한 최우수 특수비행팀을 발표하겠습니다. (여느 시상식처럼 최우수상을 발표하는데 약간 뜸을 들였다.) 그 영광의 주인공은 대한민국 블랙이글스입니다." 순간 행거 파티장은 박수와 환호성으로 가득했다.

최우수상의 시상은 그 명예에 걸맞게 요르단 왕자인 파이잘Faisal 공군 중장이 맡았다. 그는 김영화 대대장에게 최우수상을 수여한 후, 블랙이글스 조종사들과 함께 기념사진을 찍었다. 이후 블랙이글스는 영국 에어쇼의 주인공이 되었고 그 소식은 세계 유수의 언론과 방송을 타고 전 세계에 퍼져 나갔다.

성공 법칙 6
블랙이글스 팀원들처럼 자신에게 가장 잘 어울리는 옷을 입어라!

상황에 부합하는 말과 행동을 잘하는 것도 성공한 사람들의 공통점이다. 능력이 출중한 사람이 돌출 행동을 하거나 시도 때도 없이 능력 과시를 하게 되면 주위 사람들의 빈축을 살 뿐만 아니라 평가 절하까지 당할 수 있다. 따라서 불필요한 언행을 삼가며 꼭 필요한 순간에 자신의 능력을 유감없이 발휘하면 다른 사람들에게 멋진 사람으로 각인될 수 있다.

07. 추억

　와딩턴 에어쇼와 리아트 에어쇼에서 거둔 블랙이글스의 놀라운 성과는 영국 교포 사회에 커다란 반향을 불러 일으켰다. 그들은 만나기만 하면 블랙이글스를 화제로 이야기꽃을 피웠다. 또 블랙이글스는 6·25남침전쟁 때 북한군을 비롯한 공산주의 세력을 격퇴하기 위해서 UN군의 일원으로 참전했던 영국군 노병들과 그 가족들에게도 깊은 감동을 선사했다. 영국 교민들과 영국군 노병들은 블랙이글스가 좋은 추억거리를 안겨줬다면서 아낌없는 성원을 보냈다.

추억 1

　7월 7일과 8일에 있었던 리아트 에어쇼에는 많은 영국 교민들이 참가했다. 블랙이글스가 와딩턴 에어쇼에서 최우수상을 탔다는 소식이 전해지면서 그것을 직접 보려고 원근 각지에서 많은 교민들이 몰려왔던 것이다. 그 자리에는 박영근 재영한인회장과 구순에 접어든 재영한인 1세대 어르신들까지 참석했다. 부모님의 손을 잡고 온 교포 어린이들도 많았다. 블랙이글스의 에어쇼를 보면서 많은 영국인들이 탄성을 지르자 정말로 기분이 좋았던 사람들은 우리 교민들이었다.

리아트 에어쇼가 끝난 후 박영근 재영한인회장은 "블랙이글스의 에어쇼를 어떻게 봤냐?"는 기자의 질문에 한동안 말문을 잇지 못했다. "뭐라 표현할 수 없을 정도로 뿌듯합니다……. (눈물을 글썽이며 목메는 듯 인터뷰가 중단되었다.) 영국이란 나라에서 소수민족으로 살아가면서 어떤 차별감이랄까, 코리언이라고 하는 게 싫어서 일본인이나 중국인이라고 거짓말을 하고 싶은 때도 많았는데……. (또 눈물을 흘려 다시 인터뷰가 중단되었다.) 오늘 영국 하늘에서 블랙이글스의 멋진 에어쇼를 보니까 제가 대한민국 국민이라는 게 자랑스럽습니다. 블랙이글스가 계속해서 세계 정상의 자리를 지킬 수 있도록 우리 국민들이 성원해주셨으면 합니다."

재영한인 1세대인 구순의 박철수 옹이 박 회장의 바통을 이어 받았다. "우리가 1970년대 런던에 처음 들어왔을 때, 대한민국은 외국의 도움만 받고 살았습니다. 그런데 이제는 국산 초음속 항공기를 갖고 세계적인 특수비행팀들과 자웅을 겨루는 것을 보니 기분이 너무 좋습니다. 더욱이 우리를 도와주며 측은하게 여겼던 유럽인들이 블랙이글스의 에어쇼에 손뼉을 치며 감동하는 것을 보니 눈물이 납니다. 앞으로 내가 몇 년을 더 살지 모르지만 블랙이글스의 에어쇼를 또 다시 보고 싶습니다. 참으로 감격스럽습니다." 그의 눈가는 이미 촉촉해진 상태였다.

얼마 전, 김영환 대대장은 영국 에어쇼 기간 동안 자신이 경험했던 일을 이야기해줬다. 블랙이글스는 영국에서 에어쇼를 세 개 소화해야 했기 때문에 지상에서 이동할 상황이 많이 발생했다. 그래서 현지의 한 여행사를 섭외해서 블랙이글스 팀원들의 지상 이동 및 숙식 해결에 대한 도움을 받았다.

마침 공사 후배였던 김현태 씨(공사 42기)가 현지 여행사의 블랙이글스 담당 책임자로 봉사하면서 열심히 도와주었다. 김현태 씨는 공군에서 팬텀기 후방석 조종사로 5년간 복무했고, 지금은 영국에서 테트라Tetra라는 컨설팅 회사의 대표이사로 일하고 있다. 김현태 씨 덕분에 영국의 한 교포 청년과도 친하게 지냈다. 그 청년은 블랙이글스 조종사들이 이동할 때, 운전을 담당했다.

2012년 7월 7일 아침, 그는 김영환 대대장에게 이런 말을 했다. "와딩턴에서 블랙이글스의 에어쇼를 보고 차 안에서 한참 동안 울었습니다. 그것은 영국 교포라면 누구나 느끼는 감정이었습니다. 그렇게 훌륭한 블랙이글스 조종사들을 제가 운전하는 차량에 태워드릴 수 있어서 너무 행복하고 자랑스럽습니다. 저에게 즐거운 추억거리를 안겨주셔서 감사합니다. 그것을 잊지 않고 열심히 살겠습니다."

| 재영한인 1세대 박철수 옹.

| 영국군 노병들.

| 박영근 재영한인회장.

추억 2

6·25남침전쟁 때, 영국군으로 참전했던 대니스 그로간 옹과 토마스 클러프 옹의 이야기 또한 우리들에게 잔잔한 감동을 던져주었다. 블랙이글스 홍보팀장인 김권희 소령과 김경신 중위는 영국에 도착하자마자 영국의 '한국전참전전우회'를 방문해서 리아트 에어쇼에 초청하고 싶다는 의사를 정중하게 전했다.

이미 상당수 전우들이 돌아가셨고 살아있는 전우들 역시 연세가 구십을 넘은 상황이었다. 대부분 거동이 불편한 전우들이었다. 비록 늦은 감은 있지만 그래도 블랙이글스는 자유민주주의를 수호하기 위해 자신의 목숨을 걸었던 전쟁 영웅들에게 진심어린 감사 인사를 드리고 발전한 대한민국의 모습을 보여주고 싶다는 뜻을 전했다. 그런데 두 분의 영국군 노병이 선뜻 동참 의사를 밝혔다.

블랙이글스는 그분들이 에어쇼 현장에 편히 오실 수 있도록 차량을 지원하고 블랙이글스의 모자와 기념품을 전달했다. 그리고 블랙이글스의 에어쇼를 잘 보실 수 있도록 전망 좋은 쪽으로 관람석을 배정해드렸다. 그들은 블랙이글스의 세심한 배려에 고마워하며 "땡큐"를 연발했다. 자신들은 한국인들에게 잊힌 존재라고 생각했는데, 블랙이글스가 잊지 않고 초대해준 데 대한 고마움 때문이었다. 그들은 여러 특수비행팀들의 에어쇼를 구경한 후, 블랙이글스와 대한민국에 대해 가졌던 생각을 솔직하게 털어놓았다.

대니스 그로간 옹이 먼저 말문을 열었다. "6·25남침전쟁에 항공기 정비사로 참전했던 나에게 블랙이글스의 에어쇼는 많은 생각을 하게 합니다. 오늘 블랙이글스의 에어쇼는 숨이 콱 막힐 정도로 짜릿했고 온몸에 전율이 흐를 정도로 완벽했습니다. 1950년 대한민국에 도착해서 느낀 첫 소감은 '지금 내가 지옥에 온 것은 아닌가?'였습니다. 나무 한 그루도 보이지 않았고 덤불 같은 것만 있었습니다. 그런 나라가 60여 년 만에 이렇게 대단한 나라로 성장할 줄은 정말로 몰랐습니다. 이제 대한민국이 항공 선진국 대열에 동참하는 건 시간문제 같습니다. 내가 목숨을 걸고 지켰던 대한민국, 오늘 나는 그 선택에 대해서 무척 자랑스럽게 생각합니다." 이미 하얗게 변해 버린 그의 눈썹 밑으로 잔 이슬이 맺혔다.

그의 말이 끝나자 곧바로 토마스 클러프 옹이 이야기를 시작했다. 그는 자신을 6·25남침전쟁에 참전했다가 포로가 된 후, 1953년도에 석방되어 영국으로 돌아온 노병이라고 소개했다. 또 1950년 당시를 회상하며 자신의 소감을 이야기했다. "당시에는 대한민국이 어디에 있는 나라인지도 몰랐습니다. 대한민국에 가서 놀란 것은 인분을 비료로 사용한다는 점이었습니다. 어디를 가더라도 인분이 논밭에 뿌려져 있어서 악취가 진동을 했습니다. 그것을 뿌려서 키운 배추를 먹는 대한민국 국민들을 보고 문화적 충격을 받았습니다. 그랬던 대한민국이 어느새 초음속 항공기를 생산하고 그것을 영국까지 갖고 와서 이렇게 놀랄 만한 에어쇼를 하는 것을 보니 감개무량합니다. 내 손자 손녀들에게 대한민국의 블랙이글스에 대해 자랑하고 싶습니다."

영국군 노병들의 이야기를 조용히 듣고 있던 블랙이글스 조종사 홍순홍 소령이 기자에게 말했다. "오늘 저희들이 리아트 상공에서 펼쳐보였던 태극 기동이 6·25남침전쟁에 참전해서 희생하고 헌신하신 모든 영국인 참전 용사들에게 작은 위안이 되었으면 좋겠습니다. 저희들은 그런 마음으로 최선을 다해 에어쇼를 했습니다. 저희들이 영국에서 에어쇼를 할 수 있었던 것도 영국군 노병들께서 자유민주주의를 위해 싸워주셨기 때문입니다. 블랙이글스 조종사들과 대한민국 국민들은 그 고마움을 영원히 잊지 않을 것입니다." 환하게 웃는 홍 소령과 블랙이글스 조종사들의 콧등에는 뻘겋게 새겨진 산소마스크 자국이 마치 훈장처럼 아름답고 선명하게 보였다.

성공 법칙 7
블랙이글스 팀원들처럼 남한테 받은 도움은 절대로 잊지 마라!

남이 준 도움을 기억하며 감사하는 것은 가장 인간적인 모습이다. 성공의 첫 단추는 인간적인 사람이 되는 것이다. 블랙이글스 조종사들처럼 타인의 도움을 잊지 않는 따뜻한 존재, 남에게 즐거운 추억으로 기억되는 아름다운 존재, 인간적인 향기를 내뿜는 장미꽃 같은 존재가 되라. 그러면 성공은 친구처럼 따라붙을 것이다.

08. 안타까운 산화

　블랙이글스는 와딩턴 에어쇼와 리아트 에어쇼가 종료되자 판버러 에어쇼의 단기 기동에 참가할 10여 명의 필수 인원만 제외하고 귀국길에 올랐다. 통제관 박은성 대령, 단기 기동과 T-50B의 지상 브리핑에 참여할 3명의 조종사와 10여 명 수준의 정비 및 홍보 요원들은 판버러로 향했다.

　판버러 에어쇼는 1920년부터 짝수 해마다 격년제로 개최되어 왔으며 대형 항공 업체가 생산한 거대 항공기들의 지상 전시 및 시험비행이 주류를 이룬다. 규모 면에서도 파리 에어쇼 다음으로 세계에서 두 번째로 큰 규모를 자랑한다.

　한 가지 특이한 점은 영국과 프랑스를 제외한 다른 나라 특수비행팀의 에어쇼를 허락하지 않는다는 점이다. 오로지 단기 기동만 할 수 있을 뿐이다. 처음에는 프랑스의 특수비행팀에 대해서도 에어쇼를 허락하지 않았다. 그러나 프랑스가 파리 에어쇼에서 영국 '레드 애로우즈Red Arrows'의 에어쇼를 허용하는 조건으로 판버러 에어쇼에서 프랑스 특수비행팀의 에어쇼를 제안하자 영국이 그것을 받아들였다고 한다.

이런 상황이지만 관람객들에게는 판버러만큼 좋은 곳이 없다. 판버러의 최대 장점은 관람객들이 활주로에 접근하는 게 쉬워서 공중 기동을 펼치는 항공기들의 박진감 넘치는 모습을 아주 가까운 거리에서 생생하게 즐길 수 있다는 점이다. 심지어 캐노피 안의 조종사 얼굴 표정까지 볼 수 있다고 하니, 관람객들에게는 더할 나위 없이 좋았다.

판버러 에어쇼에 참가한 이유

다른 에어쇼보다 상업적 색채가 강하고 독선적이라는 비판까지 받는 판버러 에어쇼에 블랙이글스가 참가한 이유는 오직 하나였다. 우리가 생산한 T-50 계열 항공기를 세계 무대에 널리 홍보하기 위함이었다. 이는 70억 5,000만 원이라는 거금을 선뜻 지원한 KAI를 위해 블랙이글스 조종사들이 할 수 있는 최선책이었다. 물론 그 과정은 결코 녹록하지 않았다. 그만큼 세상의 벽은 높고 험했다.

블랙이글스는 총 17소티의 비행으로 판버러 에어쇼를 마쳤다. 사전 훈련 1회 2소티, 평가비행 2소티, 에어쇼 7소티, 전개 6소티가 그것이다. 본래 사전 훈련을 3회 6소티로 계획했는데 영국의 돌발적인 기상 악화로 인해 1회 2소티에 그쳐야 했다. 또 판버러 에어쇼에서 지상 통제는 박은성 대령이 맡았고 T-50B에 대한 지상 브리핑은 홍순홍 소령이 맡았다. 7차례에 걸친 단기 기동은 정민철 소령과 노세권 소령이 번갈아가며 임무조종사로 수고했다.

특히 단기 기동에 나선 정 소령과 노 소령의 수고가 컸다. 그들은 7월 8일부터 15일까지 매일 1차례씩 번갈아가며 수많은 관람객들에게 다이내믹한 단기 기동을 선보였다. 그들이 단기 기동에 나설 때마다 구름떼와 갑작스러운 폭우가 방해를 했다. 그러나 그들은 T-50B의 임계점에 가까운 비행을 하며 비행 기량을 유감없이 발휘했다.

사실 단기 기동의 역사는 블랙이글스가 에어쇼를 한 역사보다 일천했다. 지난 3년간 세계적인 에어쇼팀의 단기 기동을 검토한 후, 우리 방식으로 버전업한 게 전부였다. 그런데도 그들은 한 마리의 검수리Black Eagle가 하늘을 날며 세상을 호령하는 것처럼 비행했다. 그러나 정 소령과 노 소령에게는 아쉬움이 컸던 비행이었다. 그 주된 이유는 판버러 에어쇼가 갖는 거대한 자본의 속성 때문이었다.

안타까운 산화

판버러 에어쇼의 지상 전시장에 등장한 항공기들은 KAI와 비교할 수 없는 거대 항공 업체들이 개발하고 생산한 대형 항공기들이었다. 그것에 비하면 T-50B는 초라한 수준이었다. 게다가 영국과 프랑스를 제외한 다른 항공 선진국들은 자국 항공기의 단기 기동만 허락받았기 때문에 대형 항공기를 이용한 단기 기동에 사활을 걸었다. 그들이 펼친 단기 기동의 시현 효과 역시 T-50B의 그것을 압도했다. 관람객들의 눈길이 T-50B를 향하기까지는 긴 시간이 필요했던 것도 그 때문이다. 우리 입장에서 보면 아쉽지만 어쩔 수 없는 일이었다.

블랙이글스는 8대의 T-50B로 일사분란하게 공중 기동을 하며 에어쇼를 펼치는 특수비행팀이다. 따라서 블랙이글스는 단기 기동만 허용하고 출전 국가의 순위도 매기지 않는 판버러 에어쇼에 참가하는 일에 큰 비중을 두지 않았다. "이왕 영국에 가는 김에 판버러 에어쇼에 참가해서 T-50B를 세계 무대에 홍보해주자"는 식이었다. 그러나 정 소령과 노 소령은 단기 기동으로, 지상의 홍 소령은 T-50B를 찾아준 관람객들에게 항공기를 소개하는 일로 최선을 다했다.

그러나 판버러 에어쇼는 단기 기동에 대한 우리 공군의 새로운 과제에 눈을 뜨게 하는 데 일조했다. 세계적 수준의 단기 기동과 우리 공군의 단기 기동 사이에는 꽤 큰 장벽이 놓여 있다는 점과 그것을 극복하기 위해서는 더 많은 노력이 필요함을 실감했던 것이다. T-50B보다 크기와 성능 면에서 뛰어난 외국산 전투기들의 단기 기동을 능가하기 위해서는 훨씬 더 정교하고 박진감 넘치는 우리 고유의 단기 기동을 개발해야 한다는 점을 느꼈다. 특히 블랙이글스 조종사가 아니면서 단기 기동 조종사로 참가했던 노 소령의 고민이 매우 컸다.

판버러 에어쇼를 마치고 광주기지 교관조종사로 복귀한 그는 단기 기동의 혁신 과제를 풀기 위해서 고심하던 중 공군사관학교(이하 공사) 훈육관으로 발령받게 되었다. 후배 조종사들에게 하나라도 더 많은 지도와 조언을 해주고 싶었던 그는 공사로 부임하기 전까지 후배 조종사들과 함께 비행하며 판버러 에어쇼에서 발견한 새로운 가능성과 문제점을 일깨워주었다. 무엇보다도 자신의 후임자인 정진규 대위에게 자신이 맡았던 임무에 대해 철저한 인수인계를 해주기 시작했다.

그러는 사이 운명의 8월 28일을 맞이했다. 그날 오후, 그는 정 대위와 함께 T-50에 탑승해서 광주 상공으로 이륙했다. 정 대위가 단기 기동 자격을 취득할 수 있게 비행 훈련을 돕기 위해서였다. 전방 조종석에는 정 대위가 타고 자신은 교관석인 후방 조종석에 탑승했다. 후방 조종석에서 진지한 조언을 해줄 목적에서였다.

두 명의 베테랑 조종사가 탑승한 T-50은 저고도로 날면서 고난이도 기동을 시도하던 도중 그만 지상으로 추락하고 말았다. 고도가 조금만 더 확보되었더라도 생존했을 가능성이 높았기에 그들의 산화가 더욱 더 안타까웠다. 그들 역시 하늘을 누구보다 사랑했고, 비행을 매우 잘했던 공군의 훌륭한 인재였다.

노 소령과 정 대위는 각각 공군 중령과 소령으로 추서되어 대전 국립현충원 제4장교 묘역에 나란히 묻혔다. 그들이 묻히던 날, 노 중령의 공사 50기 동기생들은 "포기라는 단어를 가장 싫어하는 공군 조종사였으며 우리라는 단어를 가장 좋아하는 따뜻한 동료였고 가족이란 단어에는 가장 약한 아버지였던 당신을 기억한다"는 말로 그의 영혼을 위로했다.

비록 그가 전투조종사로서 가졌던 청운의 꿈을 이루지 못하고 창공에 묻혔지만, 그의 투혼과 숭고한 비행 정신은 멀지 않은 장래에 후배 조종사들의 멋진 단기 기동으로 되살아나서 우리 공군을 빛내줄 것으로 확신한다. 높은 하늘 저편을 핏빛으로 물들이며 창공의 아름다운 별들로 산화한 노 중령과 정 소령의 명복을 빈다.

성공 법칙 8
블랙이글스 팀원들처럼 철저하게 깨지고 부서지는 것을 두려워하지 마라!

밑바닥을 처절하게 경험해본 사람만이 성공의 진정한 의미를 이해할 수 있다. 그러니 실패하는 것을 조금도 부끄럽게 여기지 마라. 실패는 1보 전진을 위한 2보 후퇴일 따름이다. 실패를 새로운 도전의 기회로 적극 활용하라. 나중에 후회하지 않을 만큼 최선을 다하라. 그러면 방황이나 절망감에서 자유로울 수 있다.

09. 금의환향

 김영화 대대장을 비롯한 블랙이글스 제1진은 6대의 T-50B를 리아트에서 리밍 기지로 전개시킨 후, 대한항공 편으로 귀국했다. 그들이 인천국제공항에 도착한 시간은 2012년 7월 11일 수요일 오후 2시 48분이었다. 원주기지 관계자들과 블랙이글스 가족들이 인천국제공항까지 마중을 나왔다. 영국 에어쇼의 성공을 위해 오랫동안 집을 비웠음에도 불구하고 한마디 불평불만도 하지 않은 가족들······. 여기저기서 가족을 끌어안고 따스한 정과 온기를 나누는 모습들이 연출되었다. 그리고 전체 기념 촬영을 한 후, 부대가 제공한 버스를 타고 원주기지로 향했다.
 버스가 원주기지 입구에 도착한 것은 오후 7시 40분이었다. 블랙이글스 팀원들은 신익현 비행단장과 부대원들의 배려에 깜짝 놀랐다. 일과 시간이 지났는데도 원주기지 전 장병들이 부대 입구부터 기지 강당인 치악관까지 일렬로 도열해서 뜨겁게 환영해주었다. 김영화 대대장은 그때의 심정을 한마디로 이렇게 표현했다.

"정말로 고맙고 미안했다."

오후 8시부터 비행단장 주관으로 '블랙이글스에 대한 공식 환영식'이 열렸다. 블랙이글스의 활약상이 원주기지의 지휘관, 참모, 가족, 전 장병들에게 자세히 소개되었다. 블랙이글스 팀원들이 비행단장에게 귀국 신고를 한 후, 최우수상 두 개와 인기상 트로피를 전달하자 우레와 같은 박수가 터져 나왔다. 비행단장은 트로피를 하나하나 살펴보면서 그간의 노고에 대해 치하했다. 지금도 블랙이글스 팀원들은 7월 11일 원주기지 강당에 내걸린 대형 플랜카드 "Black Eagles 세계를 제패했다!!!"라는 글귀와 그때 비행단장을 비롯한 전 부대 장병들이 보여준 뜨거운 전우애에 대한 고마움을 잊지 않고 있다.

블랙이글스 조종사들은 4일간의 꿀맛 같은 휴식 시간을 가졌다. 그리고 7월 16일 아침부터 또 다시 비행 훈련에 돌입했다. 처음엔 영국에 있는 9대의 T-50B가 국내로 옮겨져 재조립될 때까지 광주기지에서 비행 훈련을 하기로 계획했었다. 그러나 소음 민원에 대한 심리적 부담 때문에 원주기지에서 비행 훈련을 재개했다. 이를 위해 7월 13일 광주기지로부터 8대의 T-50을 빌려왔다. 판버러 에어쇼에 참가한 정민철 소령과 홍순홍 소령을 제외한 6명의 조종사와 훈련조종사로 전입해 온 김완희 대위와 심규용 대위가 새로운 각오로 비행 훈련에 동참했다.

판버러 에어쇼를 마친 블랙이글스 제2진도 3대의 T-50B를 리밍 기지에 전개시킨 후, 7월 18일 오후 4시 30분경 인천국제공항에 도착했다. 공군은 이날 오후 5시부터 성남기지에서 공군참모총장 주관으로 '블랙이글스 귀국 환영 행사'를 계획했다. 또 행사 시작 시간을 정확하게 맞추기 위해서 인천국제공항에 C-130H 수송기(이하 C-130H)를 급파해서 귀국한 블랙이글스 팀원들을 곧바로 성남기지로 이동시켰다.

한편 먼저 귀국했던 블랙이글스 제1진은 성남기지에서 기다렸다가 제2진과 합류한 후, 행사장으로 나갔다. 공군 지휘부는 18일의 기상 예보가 좋지 않았기 때문에 환영식을 실외 행사로 하는 게 좋은지, 아니면 실내 행사로 하는 게 좋은지를 놓고 고심했다. 그러나 국내외 취재기자들이 많이 온데다 블랙이글스의 성과를 알리는 데는 실외 행사가 더 낫다는 쪽으로 내부 의견이 모아졌다.

환영식은 공군참모총장을 비롯한 공군 지휘부, 블랙이글스 가족, 공군애호단체 등 약 400여 명이 참석한 가운데 성대하게 열렸다. 식은 화환 수여, 귀국 신고, 블랙이글스 대대장의 성과 보고, 공군참모총장 환영사 순으로 진행되었다. 다행히 끝날 때까지 비가 내리지 않아서 무사히 행사를 마칠 수 있었다. 이 행사가 언론과 방송을 타면서 블랙이글스의 위상이 크게 높아졌다. 그리고 누구도 예측하지 못했던 또 하나의 행운이 연출되기 시작했다.

뜻밖의 행운

사회 각계각층에서 블랙이글스에 대한 찬사와 성원의 목소리가 높아지자 정부도 55명의 영국 에어쇼 참가자 전원에게 훈장과 표창을 수상하기로 결정했다. 당시 이명박 대통령(이하 VIP)도 "성남 기지에서 VIP를 모시고 블랙이글스 대對국민보고회를 하고 싶다"는 블랙이글스 조종사들의 바람을 적극 수용해주었다.

2012년 9월 1일, 하늘에 구름은 없었지만 시계視界가 불량했다. 블랙이글스 조종사들은 VIP가 입장하기 전, 미리 이륙해서 공중 대기 상태를 유지하고 있었다. 그리고 VIP의 임석을 알리는 김영화 대대장의 신호에 따라 에어쇼를 펼친 후, 안전하게 착륙했다. 에어쇼는 시정 상태가 좋지 않았기 때문에 8대의 T-50B들이 분리되지 않고 함께 기동하는 플랫 쇼Flat Show로 진행되었다. 55명의 블랙이글스 팀원들은 다른 공군기가 축하 비행을 하는 동안 VIP의 정면으로 이동해서 비행 종료를 보고한 후, VIP가 직접 수여하는 훈장과 표창장을 받았다.

이어 VIP와 내빈, 블랙이글스 조종사들과 정비사들이 오찬을 함께 했다. 행사진행본부는 VIP가 앉은 테이블에 조종사들과 정비감독관이 동석할 수 있도록 배려했다. 그들은 도시락을 먹으면서 VIP께 조종 헬멧과 빨간 마후라를 선물했다. VIP는 그 자리에서 조종 헬멧을 직접 쓰고 바이저Visor를 내린 후, 거수경례 동작까지 연출해 좌중을 크게 웃겼다. VIP도 그들에게 큰 선물을 주었다.

| VIP와 블랙이글스 조종사들.

'블랙이글스 대국민보고대회'를 준비하는 과정에서 VIP는 비서실을 통해 "블랙이글스 조종사들에게 선물을 주고 싶은데 무엇이 좋겠느냐?"는 의견을 물어왔다. 그때 김영화 대대장은 내부 의견을 수렴해서 "VIP와 블랙이글스 조종사들만의 사진을 한번 찍고 싶다"는 소망을 피력했다. 결국 VIP가 그들의 제안을 기꺼이 받아주었고, 행사 당일 날 T-50B를 배경으로 함께 기념사진을 찍었다.

현재 그 사진은 원주기지 53특수비행전대의 블랙이글스 홍보관에 전시되어 있다. 사진 정중앙에는 VIP, 그의 좌우로 선글라스를 착용한 블랙이글스 조종사들이 팔짱을 낀 채 서서 웃고 있다. 그들은 지금도 말한다. "VIP와 사진을 찍으면서 우리들처럼 거만한(?) 포즈를 취할 수 있는 사람이 이 세상에 또 있겠습니까?" 그들의 순진무구함에 사랑과 경의를 표한다.

T-50B의 금의환향

블랙이글스 조종사들에 의해 리밍 기지로 전개된 9대의 T-50B는 그곳에서 대기하고 있던 KAI 전문기술진에 의해 분해, 포장, 육로 운송(리밍 기지에서 맨체스터 공항까지), B-747에 의한 국내 운송, 육로 수송(인천국제공항에서 원주기지까지), 원주기지에서 재조립, 시험비행, 블랙이글스에 의한 9대의 T-50B 최종 인수 절차에 따라 돌아왔다.

비록 어렵고 힘든 여정이었지만 영국 에어쇼의 빛나는 성과가 있었기에 KAI의 전문기술진, 운송담당자, 대한항공, 시험비행사를 비롯한 관계자들 또한 기분 좋게 마무리를 할 수 있었다. B-747에 9대의 T-50B를 싣고 영국으로 날아가서 대한민국의 국격과 교민들의 자긍심을 높여주고 국산 초음속 항공기에 대한 홍보 역할까지 톡톡히 수행하고 돌아온 블랙이글스의 열정은 우리 공군사에 오랫동안 기억될 만한 쾌거임이 분명했다.

성공 법칙 9
블랙이글스 팀원들처럼 자신이 이룩한 성과를 마음껏 즐겨라!

자신이 이룩한 성과에 대해서는 남의 눈치를 볼 필요가 없다. 남에게 민폐를 끼치지 않는 범위에서 그 성과를 마음껏 향유하고 즐겨라. 그것은 또 다른 세계를 향해 도전할 수 있는 에너지와 열정을 샘솟게 하기 때문이다.

10. 악연과 러브콜의 이중주

영국 에어쇼에서 블랙이글스의 잠재 능력을 확인한 방위사업청은 2013년 두바이 에어쇼의 참가 예산으로 34억 원을 편성했다. 정부가 알아서 예산 편성을 해준 것은 보기 드문 일이다. 그러나 블랙이글스는 여러 가지 사정으로 2013년 두바이 에어쇼에 참가하지 못했다. 공군본부와 방위사업청은 2014년 싱가포르 에어쇼에 참가하기로 결정하고 블랙이글스에게 만반의 준비를 지시했다. 여기에는 싱가포르의 러브콜도 한몫했다. 이때가 2013년 5월이었다.

참고로 어느 나라 에어쇼에 어떤 방식으로 참가할 것인지는 공군본부, 방위사업청, KAI가 협의를 거쳐 결정한다. 처음엔 2014년 싱가포르 에어쇼 참가 문제를 놓고 이들 간에 약간의 입장 차이가 있었다. 공군본부와 방위사업청은 적극적인 참가 의지를 피력했지만 KAI는 그렇지 않았다. 나중에는 KAI도 찬성 입장으로 선회했지만 영국 에어쇼 때처럼 전폭적으로 예산을 지원하는 일에는 난색을 표명했다.

악연

 2008년도부터 짝수 해마다 격년제로 개최되는 싱가포르 에어쇼는 그 역사가 짧음에도 불구하고 프랑스의 파리 에어쇼, 영국의 판버러 에어쇼와 함께 세계 3대 에어쇼에 속할 만큼 정치적 위상과 경제적 위상이 꽤 높다. 이는 그것이 갖는 '아시아 최대의 방산업체 박람회'라는 상징적 의미 때문이다. 공군과 방위사업청도 2014년 싱가포르 에어쇼에 참가하는 게 국산 초음속 항공기의 잠재 고객을 발굴하는 데 유리하다고 판단했다. 그러나 KAI는 싱가포르 에어쇼 참가에 미온적인 입장을 보였다. 거기에는 그들 나름대로 생각조차 하기 싫은 뼈아픈 이유가 있었다.

 2010년, 싱가포르는 12대의 훈련기를 구매할 계획을 세워놓고 우리나라, 영국, 이탈리아에 협상 조건을 제시했다. 결국 싱가포르의 훈련기 시장을 놓고 한국의 T-50, 영국의 호크Hawk기, 이탈리아의 M-346기가 치열한 수주전受注戰을 펼쳤지만 최종 승자는 이탈리아의 M-346기였다.

 F-15, F-16, F-35, F-22 전투기의 조종사 양성을 위한 초음속 훈련기로서 경쟁 상대가 없다고 자부했던 KAI는 복병 이탈리아를 만나 자존심을 구겼다. 그러나 KAI의 수주 실패는 우리나라 항공기술력이 뒤쳐져서가 아니라 경쟁국 항공기들보다 비싼 판매 가격에서 비롯된 것이다. 이는 경쟁국 훈련기에 비해 첨단 전자 장비와 고성능 항법 장비를 장착한 T-50으로서는 어쩔 수 없는 한

계였다. 그런 악연 때문에 KAI가 2014년 싱가포르 에어쇼에 소극적인 입장을 보였던 것이다.

사전 답사

공군본부는 국가 예산 절감과 항공 전력의 해외 투사 능력 제고라는 두 가지 목표 아래 '페리 비행Ferry Flight' 계획을 수립했다. 그것은 9대의 T-50B가 원주기지에서 싱가포르 창이 공항까지 직접 날아가는 것을 의미한다. 이는 화물기에 분해된 T-50B를 싣고 영국으로 갔던 것보다 훨씬 더 복잡하고 위험이 수반되는 일이기도 했다.

T-50B가 영공 통과를 해야 할 나라들과 긴밀한 정치군사적 외교 채널을 가동시켜야 하고 초행길인 조종사들의 안전 문제도 심각하게 고려해야 했다. 그러나 공군은 5,400km에 이르는 하늘 길을 개척하겠다는 의지를 천명하고 준비에 착수했다.

당시 블랙이글스 조종사 가운데 전투기를 외국 공항이나 공군기지까지 전개했던 경험자가 단 한 명도 없었다. 공군본부는 향후 페리 비행을 지휘할 블랙이글스 팀장 김용민 소령에게 해외 항로 비행에 대한 경험을 쌓게 할 필요가 있다고 판단했다. 때마침 그에게 절묘한 기회가 주어졌다. KAI와 인도네시아가 항공기 판매

협약을 맺으면서 국산 초음속 훈련기 T-50i가 인도네시아 공군에 건네질 예정이었다.

2013년 12월 31일, 공군본부는 KAI와 협의해서 인도네시아에 수출되는 T-50i의 후방 조종석에 김용민 소령을 탑승시켜 해외 장거리 항로 비행에 대해 학습시켰다. 또 수송기의 해외 전개 경험이 풍부한 김해기지에도 특수임무를 부여했다. 즉 비행단 소속의 C-130H에 블랙이글스 팀원(조종사 강성현 대위, 정비사 2명, 홍보요원 1명)을 탑승시켜 2014년 싱가포르 에어쇼와 관련된 제반 사항에 대해 사전 답사를 하도록 지시했다.

2014년 1월 6일, 그들을 태운 C-130H는 김해기지를 이륙한 후 제주공항, 대만의 카오슝 공항, 필리핀의 세부 공항, 브루나이의 브루나이 공항을 거쳐 싱가포르 창이 공항에 무사히 착륙했다. 그리고 1월 11일, 해외 페리 비행에 대한 사전 정보를 입수하고, 창이 공항의 비행 여건 및 에어쇼 관련 지원 시설을 꼼꼼하게 둘러본 후 김해기지로 복귀했다.

치밀한 준비

블랙이글스도 해외 장거리 페리 비행에 나서는 만큼 사전에 준비하고 점검할 사항이 무척 많았다. 비행 일정과 비행 여건, 중간

| 2014년 싱가포르 에어쇼를 앞두고 김용민 팀장이 조종사들과 훈련에 대한 토론을 하고 있다.

기착지 관련 제반 사항(항공기 주기장, 팀원 숙소 및 차량 지원, 각종 제한 사항), 에어쇼 때 사용할 칼라 스모크 오일의 사전 운송 문제를 놓고 지혜를 모았다. 또 당시 블랙이글스 지휘부였던 최재혁 전대장과 박상현 대대장은 조종사들의 영어 회화 능력 제고를 위해 전화 영어 학습을 독려했고, 중간 기착지 공항 접근에 필요한 관제 용어와 항법 절차에 대해서도 철저하게 교육했다. 그밖에도 페리 비행 도중 기체 결함과 같은 돌발 비상 상황에 대비한 34개 비상 기지 선정과 그곳에 접근하는 비상 절차와 해상 생환 방법에 대해서도 끊임없이 토론했다.

2013년 연말, 블랙이글스에게 긴박한 과제 하나가 떨어졌다. 싱가포르 에어쇼 주최 측이 공역, 기동 시간, 기타 제한 사항을 통보해온 것이다. 에어쇼를 위한 공역의 크기는 원주기지의 2분의 1

정도인데다 기동 시간마저 20분으로 제한한다는 것이었다. 관람객의 안전을 위해 관람석 뒤쪽 상공에서 공중 기동을 하는 것도 불허한다는 내용까지 덧붙였다.

블랙이글스에게 갑작스런 공역 크기 변경과 기동 시간 제한은 매우 위험한 일이다. 공역 크기가 줄어든다는 것은 조종사들이 공중에서 쉴 타임을 갖지 못하고 좁은 각도로 선회 비행을 계속해야 한다는 것을 의미한다. 따라서 20분 내내 조종사들은 중력 가속도의 압박에 그대로 노출될 수밖에 없다.

또 에어쇼는 조종사 간에 철저한 역할 분담과 사전에 약속된 공중 기동 과목의 순서대로 한 치의 오차 없이 진행되어야 한다. 조종사가 순간적으로 자신의 비행 위치를 착각하거나 약속을 잊어버릴 경우, 대형 참사가 일어날 수 있기 때문이다. 에어쇼 주최 측이 기동 시간을 임의로 제한한 것이 대수롭지 않은 일 같지만 블랙이글스 조종사 입장에서는 자신의 목숨이 달린 심각한 문제였다.

블랙이글스는 난상토론을 벌인 끝에 24개 기동 중에서 4개 기동(박스 크로스, 오키드, 거드 보틀, 크로스 브레이크)을 생략하기로 결정했다. 이제 남은 과제는 반복 훈련을 통해 변경된 기동의 순서를 완벽하게 숙지하고 그에 따라 비행이 일사분란하게 이루어질 수 있도록 조종사와 항공기를 한 몸처럼 만드는 것이었다.

그들은 2013년 12월 30일부터 2014년 1월 27일까지 싱가포르 창이 공항과 가장 유사한 강릉 경포대 상공에서 피나는 훈련을 통해 기동의 순서와 비행 기량을 완벽하게 담금질했다. 또 그들은 9

대의 T-50B에다 약 150갤런짜리 연료통 3개를 추가 장착하고 원주기지와 제주공항을 1회 왕복 비행하면서 그에 따른 항공기와 연료 공급상의 이상 유무에 대해 최종 점검하는 시간도 가졌다.

2014년 싱가포르 에어쇼를 향한 그들의 열정은 혹한을 녹여버릴 정도로 후끈 달아올랐다. 이제 9대의 T-50B가 지상 근무 요원과 군수 지원 물품을 실은 3대의 C-130H와 함께 싱가포르를 향해 힘차게 비상하는 일만 남았다. 악연과 러브콜의 이중주도 그렇게 멋진 시작을 알리고 있었다.

성공 법칙 10
블랙이글스 팀원들처럼 치밀하게 준비한 후, 과감하게 도전하라!

도전에 있어서 '대충'은 금물이다. 사자가 사냥에 나설 때, 대충하는가? 먹잇감을 향해 정숙을 유지하며 최대한 가까이 다가간 후, 전력 질주해서 사냥감을 낚아챈다. 블랙이글스의 도전 정신과 사자의 치밀성을 벤치마킹하라!

'도전'편을 통해 배우는 블랙이글스의 성공 법칙

- **성공 법칙 1** : 블랙이글스 팀원들처럼 기회 포착의 1인자가 되어라!

- **성공 법칙 2** : 블랙이글스 팀원들처럼 미래에 대한 꿈을 꿔라!

- **성공 법칙 3** : 블랙이글스 팀원들처럼 발상의 전환을 즐겨라!

- **성공 법칙 4** : 블랙이글스 팀원들처럼 자신의 재능을 비장의 카드로 담금질하라!

- **성공 법칙 5** : 블랙이글스 팀원들처럼 가슴에 뜨거운 열정을 품어라!

- **성공 법칙 6** : 블랙이글스 팀원들처럼 자신에게 가장 잘 어울리는 옷을 입어라!

- **성공 법칙 7** : 블랙이글스 팀원들처럼 남한테 받은 도움은 절대로 잊지 마라!

- **성공 법칙 8** : 블랙이글스 팀원들처럼 철저하게 깨지고 부서지는 것을 두려워하지 마라!

- **성공 법칙 9** : 블랙이글스 팀원들처럼 자신이 이룩한 성과를 마음껏 즐겨라!

- **성공 법칙 10** : 블랙이글스 팀원들처럼 치밀하게 준비한 후, 과감하게 도전하라!

제2부
헌신

우리의 섬과 우리의 제국, 그리고 전 세계의 모든 가정은 영국 전투기 조종사들에게 감사를 보냅니다. 이들은 불리한 조건에도 굽히지 않고, 지속적인 도전과 생명의 위협에도 지치지 않고 지금 그들의 무용과 헌신으로써 제2차 세계대전의 조류를 바꾸고 있습니다. 인류의 전쟁사에서 수많은 사람들이 이렇게 많은 빚을 이렇게 적은 사람들에게 진 적은 일찍이 없었을 것입니다.

- 영국 처칠 수상의 의회 연설 중에서 -

11. 그들이 에어쇼를 하는 이유

　블랙이글스의 특수비행은 어렵고 힘들고 위험한 비행이다. 그들의 비행은 8대의 T-50B가 1.5~3m의 간격을 유지하며 고속으로 날아가기 때문에 언제든지 충돌할 수 있는 개연성이 있다. 조종사가 비행 중 재채기를 하거나 잠시라도 딴 생각을 했다가는 자신은 물론 동료의 목숨까지 앗아갈 수 있다. 심지어 이마에 맺힌 땀방울이 눈에 들어가더라도 눈을 깜빡이는 것조차 부담스런 비행이 그들의 특수비행이다. 그런데도 그들은 자신의 애기愛機를 타고 하늘을 향해 치솟는다.
　한번은 임한일 신임 블랙이글스 비행대대장에게 이런 질문을 한 적이 있다. "에어쇼가 매우 위험하다는 생각이 듭니다. 그런데도 블랙이글스 조종사들이 자신의 목숨을 걸고 에어쇼를 하는 이유는 뭡니까?" 그러자 그는 대답 대신 "평소 에어쇼를 보고 싶지 않으셨습니까?"라고 되물었다. 그래서 대답했다. "당연히 보고 싶었죠. 인간은 하늘을 날 수 없는데 누군가가 하늘을 날아간다면 그것에 흥미를 갖지 않을 사람이 어디에 있겠습니까?" 그러자 그가 웃으며 말했다. "그런 욕구를 충족시켜 드리기 위해서 저희들이 에어쇼를 하는 겁니다."

임무 전환

　이 순간에도 우리나라 하늘에는 수십 대의 전투기가 영공 수호를 위한 초계비행이나 훈련비행을 하고 있을 것이다. 그러나 소리만 들릴 뿐 전투기는 보이지 않는다. 아주 높은 고도에서 초음속으로 비행할 뿐만 아니라 전투기 외관이 구름과 비슷한 회색으로 위장되어 있기 때문이다. 설령 전투기를 발견했다손 치더라도 워낙 빠른 속도로 날아가다 보니 곧 시야에서 놓치기 십상이다.
　게다가 전투조종사의 전투비행은 적 항공기를 격추시키거나 적의 군함, 적의 전략적 거점을 파괴하는 것을 목표로 하기 때문에 대부분 비밀리에 이루어진다. 국민들은 그것을 자세히 알 수 없고 또 알아서도 곤란하다. 전투조종사들 역시 국가 안보의 1급 전투 자원이기 때문에 일반인들이 쉽게 접근할 수 없다.
　그런데도 사람들은 전투기를 지근거리에서 보고 싶어 하며 베일에 싸인 전투조종사의 삶에 대해서도 궁금해 한다. 공군은 국민의 혈세로 운영되는 국방 조직이다. 따라서 그들은 국민의 알 권리와 잠재적 욕구를 충족시켜 주기 위해서 최정예 전투조종사들로 특수비행팀을 구성한 후, 에어쇼 임무를 부여했다. 일종의 임무 전환인 셈이다. 블랙이글스 홈페이지에 가면 그들의 고민이 물씬 묻어나는 글을 만날 수 있다.

> 블랙이글스의 특수비행은 단순한 묘기를 보여주는 곡예비행이 아닙니다. 일사불란한 고난도의 기동을 통해 대한민국 조종사들의 뛰어난 기량과 공군의 단결된 모습을 구현하여 국민에게 꿈과 희망을 심어주고 동시에 국민들로부터 친근감과 신뢰감을 얻고자 하는 특수비행입니다.

이것은 그들이 에어쇼를 펼치는 이유에 대한 공식적인 언급으로서 블랙이글스를 이해하는 데 매우 중요한 내용이다. 그들이 에어쇼를 하는 이유는 크게 세 가지다.

첫째, 그들은 공군을 홍보하기 위해서 특수비행을 한다. 공군은 "대한민국을 지키는 가장 높은 힘"이라는 비전 아래 완벽한 영공 방위 태세를 유지하고 있다. 또 선진국 수준의 안전 관리 시스템을 구축하고 열린 병영 문화를 선도해나가고 있다. 그러나 이것을 아는 국민들은 그리 많지 않다. 블랙이글스 조종사들이 그것을 알리기 위해서 나선 것이다.

에어쇼는 많은 국민들에게 공군의 참 모습을 가장 친숙하게 보여줄 수 있는 수단이다. 국민들은 그것을 통해 전장에서 활용되는 전투기의 각종 전투 기동을 이해하고, 국가 안보에서 차지하는 공군의 중요성과 소중함을 인식하게 된다. "공군은 국가 예산을 낭비하는 국방 조직이 아닙니다. 혈세 1원을 공군에 주시면 저희들은 그것의 10배만큼 명품 안보 서비스로 되돌려 드리겠습니다." 그런 정신에 입각해서 실시하는 것이 블랙이글스의 에어쇼다.

둘째, 그들은 미래의 유망 직업이, 미래의 먹거리 산업이, 미래의 국민 행복이 하늘에 있음을 알려주는 희망의 전도사다. 디지털 사회의 핵심 키워드는 '속도'다. 땅, 바다, 하늘에서 가장 빠른 속도를 낼 수 있는 곳이 하늘이다. 제트 기류만 활용하면 별다른 수고 없이 엄청 빠른 속도로 먼 거리를 날아갈 수 있다. 시베리아 철새들이 우리나라까지 날아와서 한겨울을 지낼 수 있는 것도 그 녀석들이 하늘과 제트 기류를 활용할 줄 아는 지혜를 갖고 있기 때문이다.

에어쇼는 미래의 국가경쟁력이 항공 우주 분야에 있음을 보여준다. 부모님과 함께 에어쇼 현장을 찾은 어린이들은 지상 전시장에 놓여 있는 수많은 항공기와 하늘 위에서 펼쳐지는 환상적인 에어쇼를 구경하면서 자신의 미래 직업을 탐색할 것이다. 전투조종사, 우주선조종사, 항공 우주 분야 전문가, 정비사, 관제사, 항공기 엔지니어 등등. 또 블랙이글스가 영국과 싱가포르 에어쇼에서 멋진 모습을 보여주자마자 T-50에 대한 외국 공군의 관심과 구매 요청

| 블랙이글스가 짜릿한 레인폴 기동을 펼쳐 보이고 있다.

이 크게 늘어났다. 이는 항공 분야가 최고 수준의 일자리를 창출할 수 있는 분야로 각광 받을 수 있음을 시사해준다.

셋째, 블랙이글스 조종사들은 에어쇼를 통해 자신들의 탁월한 비행 기량과 조국 영공 수호에 대한 강력한 의지를 보여줌으로써 공군에 대한 믿음과 신뢰를 안겨준다. 다른 특수비행팀이 쉽게 흉내 낼 수 없는 공중 기동을 한다는 것은 그만큼 우리나라 항공 전력이 막강하다는 의미다. 이는 한반도를 둘러싼 주변국들에 "대한민국 영공은 난공불락의 요새다. 그러니 함부로 넘보지 마라"라는 강력한 시그널을 보낸다. 무엇보다도 북한의 군부에 주는 심리적 압박은 상상을 초월할 것이다.

극단의 아름다움

블랙이글스의 특수비행을 보면 세찬 바람에 이리저리 흔들리는 버드나무를 생각하게 된다. 버드나무가 바람에 흔들리는 것은 바람 앞에 굴복하는 게 아니라 그것에 맞서 생존하기 위해 외로운 투쟁을 벌이는 행위이다. 반면, 죽은 나무는 바람에 흔들리지 않는다. 그냥 부러질 뿐이다. 블랙이글스는 생생하게 살아 숨 쉬는 버드나무와 같은 강인한 존재다.

T-50B 날개는 기체의 크기에 비해 상대적으로 크다. 그런 만큼

공중에서 바람의 영향을 많이 받을 수밖에 없다. 블랙이글스 조종사들은 창공의 거센 바람과 맞서며 좀 더 좋은 디스플레이, 좀 더 멋진 공중 기동을 보여주기 위해 거친 숨을 몰아치며 비행 훈련에 전념한다. 그들의 에어쇼가 극단의 아름다움으로 다가오는 것도 공중 기동 하나에 자신의 목숨을 거는 그들의 눈물겨운 헌신과 열정이 존재하기 때문이다.

지금도 '국민들에겐 꿈과 희망을!', '조국과 공군에겐 충성과 영광을!'을 외치며 거침없이 T-50B에 오르고 있을 그들에게 국민의 이름으로 엄명한다. "그대들에게 눈부신 영광이 있으라!", "그대들은 언제, 어느 기지에서건 모두 무사하게 가족의 품으로 귀환하라!"

성공 법칙 11
블랙이글스 팀원들처럼 다른 사람에게 꿈을 파는 세일즈맨이 되라!

남에게 꿈을 심어줄 수 있으려면 자신부터 원대한 꿈을 꾸고 그것을 실현하기 위해 각고의 노력을 기울여야 한다. 꿈을 갖지 않은 사람이 어떻게 다른 사람에게 꿈을 심어줄 수 있겠는가? 그러니 성공하고 싶다면 자신부터 원대한 꿈을 꾸고 그것을 실현한 후, 남에게 자신의 꿈을 파는 세일즈맨이 되어야 한다. 미국의 월트 디즈니가 대표적인 성공 사례에 속한다. 이제 블랙이글스 조종사들이 그의 뒤를 이어나갈 차세대 주자다.

12. 고정관념

특수비행팀 블랙이글스의 공식 명칭은 'Black Eagles'이다. 많은 사람들이 'Black Eagle'을 '검은 독수리' 혹은 '검독수리'라고 말한다. 이는 잘못된 표현이다. 독수리의 '독' 자를 한자로 표기하면 '禿'인데, 이것은 대머리 '독' 자다.

오해 1

검은 독수리나 검독수리는 수리과의 맹금류 중에서 덩치가 제일 크지만 머리가 벗겨진 모습에다 몸놀림마저 느린 탓에 다른 짐승들이 먹다 남은 먹이나 사체를 먹고 산다. 반면, 'Black Eagle'인 '검수리'는 대머리와 무관한 맹금류로 크기는 검은 독수리보다 작지만 당당한 기백으로 하늘을 호령하며 늑대, 여우, 산토끼, 다람

쥐, 쥐, 뱀들을 잡아먹고 산다. 사체에는 관심이 없고 주로 살아있는 먹잇감을 선호한다.

검수리의 매력은 매섭고 당찬 사냥 실력이다. 검수리는 먹잇감을 낚아채는 순간, 그 특유의 폭발적인 힘으로 상대를 제압한다. 그만큼 발톱과 부리가 다른 맹금류에 비해 강하고 비행 실력도 탁월하다. 또 온몸은 짙은 갈색으로 덮여 있고 햇빛을 받으면 머리 부분의 갈색 털이 황금 빛깔로 변한다. 그래서 '골든 이글Golden Eagle'이라고도 불린다.

검수리의 '검' 자에 대해서도 여러 설이 존재한다. 검은색의 '검黑' 자라는 주장, 펼쳐진 날개가 마치 '검劍'과 같다고 해서 검수리가 되었다는 주장, 머리가 황금 빛깔을 띠어서 처음엔 금金수리가 되었다가 나중에 검수리가 되었다는 주장까지 다양하다. 그러나 'Black'에서 '검' 자가 나왔다는 게 가장 신빙성이 있다.

예전에는 우리나라에도 검수리가 많았다. 강원도 평창과 영월, 충북 충주 지역이 그들의 주된 서식지였다. 그러나 무분별한 남획과 신도시 개발과 같은 환경 파괴로 지금은 거의 멸종된 상태다. 정부가 검수리를 천연기념물 243-2호로 지정해서 보호한다고 선언했지만 이미 때늦은 조치에 불과하다. 현재 우리가 볼 수 있는 검수리는 대부분 몽골, 중국, 러시아의 북동부 지역에서 번식한 개체가 겨울을 나기 위해 한국을 찾아온 녀석들이다.

오해 2

사람들이 블랙이글스에 대해 의아해하는 게 또 하나 있다. "하필이면 여러 색깔 가운데 한국인들이 기피하는 검은색을 차용했을까?"라는 의구심이다. 검은색은 우리들에게 밤, 어두움, 두려움, 죽음, 흑인 등을 연상시킨다. 그러나 검은색에 대한 문화적 의미는 나라마다, 개인의 취향에 따라 크게 다르다.

일례로 까마귀가 한국인에게는 흉조凶鳥이지만 일본인한테는 길조吉鳥로 환영받는다. 또 서양에서는 검은색이 나쁜 의미로 간주되지만 아프리카에서는 긍정적인 의미로 사용된다. 세계흑인지위향상협회는 검은색을 범아프리카색으로 선정했을 정도다.

그렇다면 한국인들은 검은색을 진짜로 싫어할까? 현실은 그렇지 않다는 결론이 도출된다. 사회지도층 인사들이 타는 최고급 세단은 십중팔구 검은색이다. 그것은 검은색이 주는 중후감, 안정감, 근엄함 때문이다. 장례식장에서 상주가 입는 상복도 검은색이고 결혼식장에서 신랑이 입는 턱시도도 검은색이다. 이처럼 극단의 의식에 공히 검은색 양복을 입는 것은 한국인이 격식을 차려야 하는 의식에 검은색이 잘 부합한다고 믿기 때문이다.

게다가 과학적인 관점에서 검은색은 색이 아니다. 정확히 말해 그것은 무채색에 불과하다. 가시광선이 물체에 닿았으나 한 가지 색도 반사되지 않아서 아무런 색깔도 보이지 않는 어두운 상태가 바로 검은색이다. 그런데도 우리가 그것을 검은색이라고 하는 것은 관념적인 규정에 불과하다. 따라서 검은색에 대해 지나치게 의미 부여를 할 필요가 없다.

그래도 블랙이글스 조종사들의 검은색 조종복과 T-50B의 검은색에 대해서 딴죽을 거는 사람이 있다면 그들에게 꼭 들려주고 싶은 이야기가 있다. 짐 콜린스와 제리 포라스가 쓴 책 ≪성공하는 기업들의 8가지 습관≫(김영사, 2002)에 등장하는 우화다.

무술 수련생이 오랜 수행 끝에 검은색 띠를 받기 위해서 사부님 앞에 무릎을 꿇고 앉았다. 그는 수년간의 혹독한 수련을 마치고 마침내 무술 단련의 정점에 이르게 되었다. 사부님은 그에게 "검은색 띠를 수여하기 전에 한 가지 남은 시험을 통과해야 한다"고 말씀하셨다. 그는 "한 차례의 마지막 대련이 있겠구나!"라는 생각이 들었다. 그래서 그는 재빨리 "준비되었습니다!"라고 대답했다.

사부님이 그에게 질문을 했다. "검은 띠의 참된 의미가 무엇이냐?" 그는 "힘든 수련 과정을 마친 사람만이 받을 수 있는 귀한 상입니다"라고 대답했다. 그러자 사부님이 말씀을 하셨다. "네 놈은 아직 검은 띠를 받을 수 없으니 1년 후에 다시 오거라."

1년이 지난 후, 그는 다시 사부님 앞에 무릎을 꿇었다. 사부님이 그에게 물었다. "그래 검은 띠의 진정한 의미가 무엇이냐?" 그는 조심스럽게 대답했다. "무술 분야에서 최고의 성취를 이루었다는 징표입니다." 그러자 사부님이 입을 여셨다. "네 놈은 아직도 준비가 안

되었구나. 1년 후에 다시 오거라."

또 다시 1년을 보낸 후, 그는 사부님 앞에 무릎을 꿇었다. 사부님은 그에게 똑같은 질문을 던졌다. "그래 검은 띠의 진정한 의미가 무엇이냐?" 이번에는 그의 대답이 예전과 사뭇 달랐다. "사부님, 검은 띠는 시작을 의미합니다. 끝이 없는 노력과 무아지경에 이를 정도의 피나는 단련, 그리고 언제나 더 높은 경지의 표준을 추구하는 여정의 시작이라고 생각합니다." 그 순간 사부님의 표정이 밝아졌다. 사부님은 "그래 맞다. 이제 너는 검은 띠를 받고 새로 시작할 준비가 된 것 같구나!"라는 말과 함께 그의 허리에다 검은 띠를 매어주었다.

이 글을 읽으면서 블랙이글스의 검은색 조종복을 생각해본다. 공군 조종사들의 로망인 블랙이글스 조종사는 공사의 한 기수 당 많아야 두 명 정도다. 비행 기량이 출중해야 하는 것은 기본이고 기존 블랙이글스 조종사들의 전원 동의를 얻어야만 가능하기 때문이다. 무술에 능통하고 그것의 절제 능력까지 겸비한 유단자의 도복에만 검은 띠를 두를 수 있는 것과 같은 이치다. 그들은 검은색 조종복에 대해 자랑하거나 과시하지 않는다. 최재혁 전 53특수비행전대장이 그와 관련해서 이런 말을 한 적이 있다.

"블랙이글스 조종사들은 자신의 비행 능력에 대해 겸손해야 합니다. 에어쇼 자체가 매우 위험한 비행이기 때문입니다. 자신의 비행 안전뿐 아니라 동료의 안전까지 책임져야 하는 게 그들의 운명입니다. 또 그들은 전투비행대대의 조종사들에게 미안한 마음을 갖고 생활합니다. 전투조종사들이 비상 대기 근무를 대신 서주고 영공 방위의 최일선에서 고생하고 있음을 누구보다 잘 알기 때문입니다. 공군의 핵심 전력은 전투비행대대에서 근무하는 전투조종사들입니다. 다만, 그들은 전투조종사들을 대신해서 공군을 홍보하고 국민에겐 신뢰를, 어린이들에겐 하늘에 대한 꿈과 희망을 심어주기 위해 에어쇼를 할 뿐입니다."

이제 블랙이글스를 사랑한다면 그들의 검은색 조종복에 대해서도 깊이 이해해 주었으면 한다. 블랙이글스에게 검은색은 더 이상 죽음이나 어두움을 의미하지 않는다. 검은색 조종복은 무술 유단자의 검은 띠처럼 비행 분야에서 달인의 경지에 오른 사람들, 새로운 비행 표준을 만들기 위해 노력하는 사람들이 에어쇼를 할 때만 입는 명예로운 행사복으로 생각해주었으면 좋겠다.

성공 법칙 12
블랙이글스 팀원들처럼 고정관념을 과감하게 깨트려라!

고정관념은 새로운 시각의 출현을 방해한다. 그런데 성공은 새로운 시각에서 비롯되는 경우가 대부분이다. 따라서 고정관념의 포로가 되지 말고 그것의 울타리로부터 과감하게 탈출하라. 그것이 성공으로 향하는 사닥다리에 오르는 비결이다.

13. 연습 벌레

하버드 대학에 공부 벌레가 있다면 원주엔 연습 벌레들이 있다. 원주의 연습 벌레들은 원주기지 53특수비행전대의 블랙이글스 조종사들을 일컫는 말이다. 그들은 명품 에어쇼를 위해 엄청난 양의 비행 훈련을 소화해내고 있다.

그들은 항공기 이착륙이 불가능할 정도의 기상 악화나 군내 비상 상황이 일어나지 않는 한, 하루 평균 1~2회의 비행 훈련을 한다. 또 비행 전 1시간 동안 비행 계획과 비행 임무 숙지를 위한 브리핑을 실시하고, 비행 후에는 2시간 이상의 디브리핑 시간을 갖는다. 이때는 모든 블랙이글스 조종사가 참여해서 비행 전반을 분석 평가한 후, 더 나은 비행 훈련을 계획한다. 그들은 항상 어제보다 나은 오늘, 오늘보다 한 단계 진화된 내일을 추구한다. 따라서 블랙이글스의 명불허전은 빈말이 아니다.

블랙이글스의 에어쇼는 8명의 조종사들이 24개 공중 기동 과목을 흐르는 물처럼 자연스럽게 시현한다. 그 안에는 완만한 평지만 있는 게 아니다. 폭포수가 떨어지는 낭떠러지도 있고 격랑의 파도가 쓰나미처럼 밀려오는 아찔한 순간도 있다. 그래서 관람객들은 그들의 공중 기동 앞에 전율을 느끼고 탄성을 자아내는 것이다.

몰입

 블랙이글스 조종사들이 환상적인 에어쇼와 비행 안전을 위해 선택한 것은 몰입과 연습이다. 몰입이란 한마디로 정신 집중이다. 또 어린이들이 돋보기로 태양 광선을 한곳에 집중시켜 검은 종이를 태울 수 있는 것도 '초점'을 맞추는 몰입 과정이 있기 때문이다. 그들의 몰입에 대해서는 블랙이글스 5번기를 조종하며 싱크로 역할을 맡았던 고대협 소령의 말이 압권이다.
 "일선 전투비행대대에서 제가 조종했던 항공기는 F-16 전투기였습니다. 그래도 그 시절에는 비행 임무를 마치고 모기지로 귀환하는 동안 공중에서 약간의 여유가 있었습니다. 그때는 잠시 동안 부모님도 생각하고 아내와 두 아들의 모습도 떠올려보곤 했습니다. 물론 학생 조종사 시절, 저는 비행 교관으로부터 '비행할 때는 단 한순간도 방심하지 마라'라고 배웠습니다. 그러나 조종에 익숙해지고 전투기와 제가 일심동체가 되었다는 것을 느끼면서 그런 심적 여유를 가질 수 있었습니다. 그러나 2010년 6월 3일 블랙이글스 훈련조종사로 입문해서 2014년 7월 13일 선임편대장으로 그곳을 떠날 때까지 저는 단 한 번도 그런 여유를 느껴보지 못했습니다. 매 순간마다 비행에 몰입하며 최선을 다했음에도 불구하고 두 차례나 창공에 묻힐 뻔했던 위기의 순간이 있었습니다. 지금도 그때만 생각하면 등줄기에서 식은땀이 나고, 하느님께 감사 드리고 싶습니다."

연습

연습은 학문이나 기예를 원숙한 경지에 이르도록 끊임없이 되풀이해서 익히는 과정이다. 연습은 반복과 열정을 전제로 쉼 없이 자기 개선을 추구하는 동력이자 폭발적인 에너지다. 조선 시대 최고의 문사이자 서예가로 평가받는 추사 김정희 선생은 자신의 오랜 벗 권돈인*에게 보낸 서신에서 "나는 70 평생 동안 벼루 10개를 밑창 냈고 붓 1,000 자루를 몽당붓으로 만들었다"고 말했다. '추사체'라는 독특한 필체를 개발하기 위해 그가 얼마나 많은 서

---

* 권돈인(1783~1859)은 조선 후기 헌종 때의 문신으로 우의정, 좌의정, 영의정을 지냈다. 철종 때 경의군을 진종(眞宗)으로 추존하고, 위패를 영녕전으로 옮기는 과정에서 헌종의 묘사(廟社)를 먼저 모시도록 주장했다가 파직되었다. 낭천, 연산에 부처되었다가 배소에서 죽었다. 뒷날 신원되었다.

| 비행 훈련을 하기 위해 블랙이글스 조종사들이 이글루를 향해 걸어가고 있다.

체 연습을 했는지를 보여주는 일화이다.

현역 최고령 발레리나 가운데 한 명인 강수진 씨는 자신이 성공할 수 있었던 이유를 묻는 기자의 질문에 "연습하고, 밥 먹고, 잠자고, 다시 연습하는 일상의 반복된 삶이 오늘의 나를 만들었다"라고 답했다. 그녀의 지인이 들려준 이야기는 가히 충격적이다. "그녀의 하루 연습 시간은 보통 18시간 정도입니다. 또 한 시즌에 200~250개의 토슈즈를 사용하고, 어떤 일이 있더라도 1년 365일 동안 하루도 거르지 않고 단 10분만이라도 연습했던 사람이 강수진 씨입니다."

무술에서는 연습을 '단련鍛鍊'이라고 말한다. 작고한 고우영 화백이 맛깔나게 그렸던 만화《대야망》(씨엔씨레볼루션, 2010)의 주인공이자 영화 〈바람의 파이터〉의 실제 인물이기도 했던 무도인武道人

최배달(1923~1994)은 '단련'에 관한 명언을 남겼다. "1,000일의 연습이 '단鍛'이라면, 10,000일의 연습은 '련鍊'이다. 진정한 무예를 말하려면 최소한 '련'의 경지에 올라서야 한다."

발명왕 에디슨도 지독한 연습 벌레였다. 그는 백열전구를 만들 때, 2,000번의 실패를 경험했다고 한다. 어느 지인이 그에게 물었다. "그렇게 많은 실패를 하시면서 힘들지 않았습니까?" 그가 대답했다. "아니, 실패라니요? 나는 백열전구가 만들어지지 않는 1,999개의 새로운 원리를 발견했을 따름입니다." 그로부터 한참이 지난 후, 어느 기자가 연로한 그를 찾아가 근황을 물었다. "선생님, 요즘 소일하시는 것은 무엇입니까?" 그가 다소 퉁명스럽게 대답했다. "나는 결코 소일하지 않습니다. 지금도 5시간만 자고 나머지 시간은 연구에만 몰두합니다. 장례식 3일 전까지 그렇게 살겠습니다. 어차피 인생은 연습의 연속이니까요."

블랙이글스 조종사들은 추사 김정희, 강수진, 최배달, 에디슨 못지않은 열정과 노력으로 몰입과 연습을 생활화하는 사람들이다. 에어쇼의 기동 하나를 개발해서 완성하는 데까지 약 4개월 정도의 기간이 소요된다. 그들이 거기에다 투입한 연습 시간과 몰입의 고통은 이루 형언하기 힘들다. 그들은 그것을 기꺼이 감내하면서 공중 기동의 완성도를 '완벽'의 경지까지 끌어올렸고 마침내 영국과 싱가포르 에어쇼를 통해 전 세계에 자신들의 존재를 알렸다.

전욱천 중령은 연습에 대한 블랙이글스 조종사들의 생각을 단순 명료하게 설명해주었다. "두려움을 느끼지 않고 비행하는 조종사는 아무도 없을 겁니다. 특히 블랙이글스 조종사는 그런 측면이 더 강합니다. 그런데 두려움 때문에 기죽어서 비행하다보면 저희들의 기량을 제대로 발휘할 수 없습니다. 따라서 지금까지의 기량과 경험을 반복해서 숙달시킴으로써 그런 두려움을 떨쳐내고 있습니다."

그들이 멋있어 보이는 것은 단지 준수한 외모나 폼 나는 조종복 때문이 아니다. 세상을 살아가는 방식이 이해타산적이지 않고, 투박하지만 사나이다운 기백이 넘쳐흐르고, 그들의 비행 정신이 숭고하기 때문이다. 또 스스로에게는 한없이 냉정하고 깐깐하며 분명한 삶을 살고자 노력하는 정직한 모습을 보여주기에 그들이 아름답게 느껴지는 것이다.

그들은 하루라도 비행하지 못하면 몸이 근질근질해지고, 비행을 쉬는 날에도 마인드 컨트롤을 하면서 머릿속 비행을 즐기는 사나이들이다. 또 그들은 하루 이틀간 휴식을 취했다가 비행을 개시하면 초심으로 돌아가 혹독한 훈련부터 시작하는 연습 벌레들이다.

그런 블랙이글스 조종사들에게 "나는 쇠붙이에 불과했다. 그러나 평생 면도날이 되기 위해서 최선을 다했다"는 레오나르도 다 빈치의 말과 책 ≪달인≫(여름언덕, 2009)의 저자인 조지 레너드가 한 이야기를 헌시로 바친다.

"궁극적으로 연습은 달인의 길 자체다. 달인의 길에 오래 머물다 보면 그곳 역시 생기 넘치는 장소이며, 오르막길과 내리막길이 있으며, 도전과 안락함, 놀라움과 실망, 무조건적인 즐거움이 있다는 것을 발견하게 된다. 그 길을 여행하는 동안 충돌과 타박상-몸과 마음, 자아의 타박상-을 입어도, 그것이야말로 인생에서 가장 믿을 만한 것임도 알게 된다. 그러면 마침내 그것이 그 사람을 그 영역의 승리자로 만들어줄 것이며, 그가 그것을 바란다면 사람들은 그를 달인이라 부르게 될 것이다."

성공 법칙 13
블랙이글스 팀원들처럼 연습에 몰입하라!

연습 없는 성공은 이 세상 어디에도 없다. 또 연습의 양과 질이 일의 성패를 좌우한다. 그러니 연습을 실전처럼, 실전을 연습처럼 즐긴다면 성공은 저절로 따라올 것이다. 어제의 2군 연습생이었던 사람이 내일의 4번 타자가 될 수 있는 것은 비단 야구의 세계에만 국한되지 않는다. 우리의 삶 속에서도 그런 일은 비일비재하다.

14. Glad To Be Here

 과거 블랙이글스에 몸담았던 조종사들을 만나보면서 느낀 공통점이 하나 있다. 그것은 자신이 블랙이글스 출신이라는 사실을 자랑하는 사람이 단 한 명도 없다는 점이다. 현직 블랙이글스 조종사들도 마찬가지다. 그래서 블랙이글스 대대장을 역임했던 박대서 대령에게 그 이유를 들어봤다.
 "블랙이글스 조종사가 중요하게 여기는 가치는 '명예'와 '팀워크'입니다. 특히 블랙이글스의 구성원들은 개인 아무개가 아니라 특수비행팀의 일원으로 존재했다는 생각을 갖기 때문에 자랑이나 과시를 하지 않는 겁니다. 그들은 블랙이글스의 검은색 조종복을 입고 에어쇼나 지상 행사를 하면서 관람객들의 주목과 환호를 받을 때, 그것을 개인이 아니라 블랙이글스 전체에 대한 격려나 찬사로 간주합니다. 과거의 저도 그랬고, 지금의 후배 조종사들도 그럴 겁니다. 따라서 에어쇼 임무를 내려놓고 전투비행대대의 전투조종사로 복귀하는 순간, 블랙이글스 조종사였다는 사실을 가속 추억으로 간직하며 새로운 임무에 충실하려고 노력합니다. 그러나 블랙이글스에 대한 애정만큼은 머리, 가슴, 마음속에 꽁꽁 쟁여놓고 삽니다."

또 그는 블랙이글스 조종사의 정신을 'Glad To Be Here'로 소개했다. 그것은 ① 블랙이글스를 품어준 공군에 감사하고, ② 블랙이글스 조종사가 될 수 있도록 도와준 주위 분들께 감사하고, ③ 비행 사고 없이 최고 수준의 비행을 할 수 있었다는 사실에 대해 감사한다는 것이었다.

공군에 대한 감사

블랙이글스 조종사들은 모군母軍인 공군에 고마운 생각을 갖고 하늘을 난다. 만약 공군이 특수비행팀의 존재 가치에 대해 회의적이었거나 특수비행 자체를 인정하지 않았다면 그들은 블랙이글스 조종사에 도전조차 할 수 없었다는 이야기다. 따라서 그들은 블랙이글스를 품어준 공군의 기대에 부응하기 위해 최선의 노력을 다한다.

선배 및 동료 조종사, 가족들에 대한 감사

블랙이글스 조종사는 본인이 희망한다고 해서 될 수 있는 게 아니다. 일단 전투조종사가 속해 있는 전투비행대대의 암묵적 허락 아래 블랙이글스 조종사 전원의 동의를 얻어야만 훈련조종사로서 입문할 수 있다. 또 공식적인 요건은 아니지만 가족들의 지지 여부도 영향을 미친다. 따라서 블랙이글스 조종사는 세 부류의 사람들에게 고마운 생각을 갖는다.

하나는 자신을 훈련조종사로 받아준 기존 블랙이글스 선배 조종사들에 대한 고마움이다. 따라서 그는 블랙이글스의 독특한 비행 문화를 철저하게 이해하고 자신의 색깔을 내세우기 보다는 믿음과 배려로 공동의 목표를 달성하기 위해서 노력한다. 블랙이글스의 팀워크 정신이 타의 추종을 불허하는 것도 그 때문이다.

다른 하나는 일선 전투비행대대에서 영공 방위를 위해 수고하는 동료 조종사들에 대한 고마움이다. 자신이 블랙이글스 조종사로 임무 전환을 한 이상, 그 공백은 반드시 다른 전투조종사의 전입으로 채워야 한다. 자신으로 인해 다른 전투조종사의 임무 부담이 커지는 것이다. 또 평시에 블랙이글스 조종사는 모든 전술 비행 임무로부터 해방된다. 비상 대기 근무에서도 열외 된다. 그들은 이런 부분에 대해서도 미안한 마음을 갖고 있다. 대신 완벽한 에어쇼를 통해 동료 전투조종사들에 대한 인간적인 미안함을 갚기 위해 노력한다.

마지막 하나는 가족들에 대한 고마움이다. 블랙이글스는 자신이 좋아서 선택한 길일뿐, 가족의 생각은 그렇지 않을 수도 있다. 오히려 가족 입장에선 블랙이글스가 공군에서 선택받은 최정예 엘리트 집단이 아니라 장터를 찾아다니며 곡예와 춤, 노래를 팔았던 유랑극단 남사당패로도 보일 수 있다. 한 번 집을 나가면 며칠 동안 안 돌아오기 때문이다. 실제로 블랙이글스는 연 30회가 넘는 에어쇼를 한다.

특히 1주일에 평균 1~2회 꼴로 에어쇼 일정이 잡혀있는 봄과 가을은 블랙이글스 조종사 아내들이 독수공방을 해야 하는 고난의 시기다. 이때는 어린 자녀들도 아빠 얼굴 보기가 하늘의 별따기만큼이나 어렵다. 그들은 하루 1회의 에어쇼를 위해서 보통 3~4일 전에 현지로 날아가서 2~3회 관숙 비행*을 해야 하기 때문이다.

더구나 블랙이글스 조종사 아내들은 대부분 남편의 에어쇼를 보지 않는다. 에어쇼가 얼마나 위험한 비행인지 누구보다 잘 알기 때문이다. 그런데도 그녀들이 모든 것을 감내하며 남편에게 내조를 아끼지 않는 것은 국민과 어린이들에게 에어쇼를 보여줄 때 가장 행복해하는 조종사 남편의 마음을 이해하고 존경하기 때문이다. 그러나 남의 집 아이들을 위해서 자신의 아들딸을 제대로 돌봐주지 못하는 조종사 남편에 대한 서운함은 그들의 숙명이다.

---

* 관숙 비행은 비행 안전을 위해 사전에 그곳의 지형지물과 에어쇼에 영향을 미치는 기후 특성 등을 꼼꼼하게 점검하는 비행이다.

살아 있다는 것 자체가 축복인 사람들

고난이도 에어쇼를 한다는 것은 늘 죽음의 위험과 대면하는 일이다. 항공기가 단발 엔진이면 배기구가 1개, 쌍발 엔진이면 배기구가 2개다. T-50B는 단발 엔진이기 때문에 배기구가 1개다. 조종석은 그 엔진 위에 설치되어 있다. T-50B가 이륙할 때는 수초 동안에 최고 출력을 내야 하기 때문에 조종사는 제트 엔진이 뿜어대는 엄청난 불덩이 위에 올라앉은 채로 3차원 공간인 하늘로 치솟는다.

그런 다음 급격한 선회에 따른 중력가속도G, Gravity의 고통을 감내하며 에어쇼를 펼쳐야 한다. 중력가속도는 항공기가 급선회를 할 때, 구심력과 원심력 간의 균형이 깨지면서 조종사의 몸속 피가 하체 아래로 쏠리게 만드는 주범이다. 또 중력가속도는 비행을 마친 조종사들로 하여금 무더운 여름날 육수가 다 빠져나가 버리고 빈껍데기만 남은 것처럼 느끼게 만드는 원흉이다. 만약 그들이 자기 몸무게의 몇 배로 압박해오는 중력가속도의 고통을 견디지 못하고 의식을 잃을 경우, 지락G-LOC*에 의한 항공기 추락은 피할 방법이 없다.

따라서 그들의 특수비행은 늘 저승사자와 벗하면서 실존의 극한

---

* 지락(G-LOC, G-induced Loss of Consciousness)은 중력가속도(G)로 인한 의식 상실을 말한다. 전투기의 고속 급회전 등으로 중력가속도를 지속적으로 받으면 피가 머리에서 빠져나가면서 의식을 잃게 된다.

| T-50B가 엔진 배기구에서 화염을 내뿜으며 하늘로 비상하고 있다.

상황을 넘나드는 자신과의 고독한 투쟁이다. 활주로를 박차고 이륙하는 순간부터 하늘은 더 이상 낭만적인 공간이 아니다. 겉으로는 아름답게 보이는 하늘이, 그들에겐 차갑고 냉정하며 극복해야 할 난제들이 무수히 많은 살벌한 전쟁터일 뿐이다. 그들은 하늘의 그런 생리를 너무나도 잘 알고 있다. 그래서 그들은 날마다 스스로에게 다짐한다. "오늘도 반드시 살아서 돌아오자!"

　블랙이글스 조종사들은 순수한 사람들이다. 그들이 원하는 건 돈도, 명예도, 출세도 아니다. 오로지 자기가 좋아하는 비행, 국민과 어린이들에게 꿈과 희망을 선사하는 비행을 위해 하나밖에 없는 자기 목숨까지 내던질 각오로 일하는 사람들이다. 또 어떤 사람은 그들을 진정한 창공의 로맨티스트라고 말하기도 한다. 지상의 1G 아래에서 살도록 설계된 인간이 T-50B에 자신의 운명을 걸고 이카루스의 신화에 도전하기 위해 피나는 자기 수련의 길을 걷기 때문이다.

비계처럼 덕지덕지 붙은 마음의 군살을 떼어버리기 위해 오늘도 굳건하게 살아있음에 감사하며 또 다른 에어쇼를 준비하는 블랙이글스 조종사들. G의 피안彼岸을 찾아 떠나는 그들의 당찬 여정을 바라보며, "가장 향기로운 향수는 제일 작은 병에 담겨져 있다"는 말을 떠올려본다. 극소수 최정예 조종사들이 선사하는 불멸의 에어쇼는 수많은 사람들의 가슴에 극단의 향기를 선물해주고 있다는 생각에서다.

성공 법칙 14
블랙이글스 팀원들처럼 범사에 감사하고 또 감사해라!

인생의 성공은 인격의 크기에 정비례한다. 그런 인격을 키우는 것이 '감사'다. 일본 마쓰시다 그룹의 창업자 마쓰시다 고노스케도 '가난', '허약한 몸', '못 배운 것' 등 세 가지 은혜를 입었다고 감사하며 절제하는 삶을 통해 성공한 사람의 표상으로 추앙받았다. 일본에 마쓰시다 고노스케가 있다면 한국엔 블랙이글스 조종사들이 있다.

15. 절제와 징크스

　검은색 조종복에 빨간 마후라, 선글라스, 비행 재킷, 조종 헬멧, G-슈트까지 착용하고 T-50B에 올라 이륙하는 모습은 그 자체로 선망의 대상이다. 검은색 조종복과 빨간 마후라는 하늘이 점지하고 공군이 허락한 극소수의 블랙이글스 조종사들만 착용할 수 있으며 그 속에는 특수임무를 수행하는 사람들의 강한 자부심이 담겨져 있다.
　또 에어쇼 현장을 제외하면, 어느 누구도 항공기나 조종사에 대한 개인적인 접근이 쉽지 않다. 모든 공군기지가 그렇듯, 원주기지에 있는 T-50B와 블랙이글스 조종사들을 만나기 위해서는 반드시 부대의 사전 인가를 받아야 한다. 이것은 군인이나 민간인들에게 공히 적용되는 룰로서 고가의 항공기와 블랙이글스 조종사를 보호하기 위한 일련의 안전조치다.

절제

"제복은 권력이다"라는 말이 통용되던 시절이 있었다. 군사정권 때의 일이다. 당시 사람들은 제복이 갖는 절대적 권위에 압도당했다. 어쩌면 일제 강점기 때, 제복을 입었던 일본 헌병이나 순사들에게 시달렸던 정신적 트라우마도 영향을 미쳤는지 모른다. 그러나 지금은 시민들의 파워가 제복의 권위를 넘어선 지 이미 오래다.

공군 조종사들은 조종복을 자기 과시나 권위로 생각하지 않는다. "조종복은 자기 절제의 상징인 동시에 국가와 국민을 위한 조건 없는 헌신과 충성을 상징한다"라는 생각을 갖고 있다. 따라서 그들은 조종복을 입는 순간부터 일탈 행위는 꿈도 꾸지 않는다.

이뿐만이 아니다. 전투조종사는 비행 안전 규정에 따라 비행 12시간 전에는 술을 마실 수 없다. 그런데 대다수 전투조종사들은 비행 하루 전날부터 술을 멀리 한다. 또 다음날 비행 계획이 있는 전투조종사는 최소 8시간 이상의 숙면을 취해야 한다. 감기에 걸렸을 경우에도 비행군의관의 처방을 받은 감기약만 복용한다. 혹시 약물 가운데 비행에 나쁜 영향을 줄 수 있는 성분이 포함될 수 있기 때문이다. 게다가 전투조종사들은 유사시 비상 출격을 해야 하기 때문에 반드시 영내에 거주해야 하며, 장시간 외출도 엄격히 통제된다.

블랙이글스 조종사들은 여기에다 또 하나의 금기 사항이 추가된다. 축구를 비롯한 과격한 운동을 절대로 금한다는 것이다. 만약

| 8명의 블랙이글스 조종사들이 에어쇼를 펼치기 전, 관람석을 향해 거수경례를 하고 있다.

축구를 하다가 다리라도 다치게 되면 에어쇼를 할 수 없기 때문이다. 블랙이글스 조종사는 다른 전투조종사로 쉽게 대체할 수 없다. 다른 전투조종사들에겐 에어쇼를 할 수 있는 특수비행자격이 없기 때문이다.

과격한 운동 금지와 관련해서 재미난 일화가 있다. 족구에 대한 이야기다. 족구가 처음 소개된 것은 1966년이다. 그런데 족구를 최초로 창안한 사람은 전투조종사였다. 장시간 비상 대기를 서야 하는 그들이 좁은 공간에서 조종복을 입은 채로 쉽게 할 수 있는 운동으로 고안해낸 게 족구였다. 국방부는 1968년에 전투조종사가 창안해서 전군全軍에 소개한 족구에 대해 '최우수 작품상'을 수상했다. 그래서 그런지 역대 블랙이글스 조종사 가운데는 족구를 잘하는 분들이 무척 많다.

한편, 절제란 "정도正道에서 벗어나지 않도록 자신을 제어하고 조절하는 것"이다. 또 그것은 인간의 명예욕, 권력욕, 성욕, 식욕 등을 적절하게 컨트롤 할 수 있는 유일한 무기다. 보이지 않는 마음속 깊은 곳에서 샘솟는 영혼의 자유 본능을 잠재우는 것은 무척 어려운 일이다. 더구나 30대 초중반의 블랙이글스 조종사들이 이 모든 것을 억제하고 참아야 한다고 생각하니 안타까운 생각마저 든다. 그들을 밀착 취재하면서 느낀 점을 한마디로 요약한다면 "은폐와 엄폐가 잘된 사찰에서 득도하기 위해 모든 욕망을 버리고 수행 정진하는 수도승" 같았다.

작가 호아킴 데 포사다가 자신의 책 ≪마시멜로 이야기≫(21세기북스, 2012)에서 "절제는 아슬아슬한 탑 쌓기와 같다"라고 말한 것도 마치 그들을 두고 한 말 같다. 단 한 번의 실수나 유혹에 빠짐으로써 지금까지 실천해온 절제의 모든 것이 한꺼번에 무너져버릴 수 있음을 경고한 그 말은 지금도 그들에겐 잠언처럼 작용하고 있다.

징크스

징크스는 "인간의 힘이나 노력으로 어쩔 수 없는 불길한 상황이나 조건"을 의미한다. 기독교인들은 '13일의 금요일'을 불길한 날로 꺼린다. 한국인들은 '4'란 숫자가 죽음을 연상시킨다고 생각한다. 그래서 엘리베이터나 병실 번호에 '4'자 대신 'F'자를 사용한다. 또 아침부터 까마귀가 울거나 로드 킬 당한 검은 고양이를 보면 불길한 생각부터 갖는다.

징크스에 예민한 사람들은 운동선수, 예술가, 상인, 정치인, 연예인, 운전기사 등이다. 대부분 승부를 겨루거나 대중의 인기에 의존해서 살아가는 사람들, 직무상 위험이 따르는 일에 종사하는 사람들이다. 또 징크스도 가지가지다. "월드컵 축구경기에서 축구 골대를 맞춘 팀은 꼭 패한다", "녹화나 생방송 전에 머리카락이나 손톱을 자르면 방송사고가 터진다", "대통령이 관저를 비우기만 하면 악재가 연이어 터진다" 등등.

블랙이글스 조종사들도 마찬가지다. 그들은 항상 목숨을 걸고 비행해야 하기 때문에 주변의 작은 변화도 그냥 지나치지 않는다. 또 오랫동안 전투조종사 생활을 하면서 최소한 1~2개의 징크스는 갖고 있다. "잠에서 깨어나서 아내 이외의 다른 여성을 보면 그날 하루가 불안하다", "아침 출근길에 검은 고양이를 보면 그날 비행이 유난히 힘들다", "손톱을 짧게 깎은 날은 비행이 어렵다", "조종화를 오른쪽부터 신은 날은 직속상관한테 꾸중을 듣는다", "조종사 관사에는 4층이 없다" 등등.

그러나 블랙이글스 조종사들은 징크스에 과민 반응을 보이진 않는다. 그들은 대부분 종교 생활을 하며 신앙심도 깊다. 이는 절대자에게 귀의함으로써 내면의 불안한 심리를 극복하기 위한 하나의 방안이라고 생각된다. 또 안전한 귀환을 위해서 평소 피나는 훈련을 반복적으로 실시한다. 징크스의 존재는 인정하지만 종교의 영적 힘과 개인의 피나는 훈련을 통해 그것을 슬기롭게 극복하며 세계 최고 수준의 에어쇼에 도전하는 젊은이들이 바로 블랙이글스 조종사들이다.

성공 법칙 15
블랙이글스 팀원들처럼 자기 절제를 생활화해라!

자기 절제는 성공을 위한 기초 공사와 같다. 기초 공사가 부실한 건축물은 삼풍백화점이나 성수대교처럼 쉽게 붕괴될 수밖에 없다. 기초 공사가 부실한 성공 역시 오래 지속되지 못한다. 그러니 자기 절제를 실천하면서 인생 성공을 위한 기초 공사를 튼튼하게 하라. 초고층 건물을 짓기 위해서는 터파기 공사를 깊게 해야만 하는 것도 그 때문이다.

16. 아내의 네임 패치

최근 블랙이글스의 2014년 싱가포르 에어쇼 동영상을 다시 보았다. 여전히 감동적인 장면들이 많았다. 그런데 이번엔 새로운 의미로 다가온 게 하나 있었다. 블랙이글스 7번기를 조종하는 정철우 소령과 그의 아내에 대한 이야기였다.

지상의 전투조종사

공군 조종사들은 자기 아내를 "지상의 전투조종사"라고 말한다. 지상의 전투조종사란 비록 전투기를 타고 비행하지는 않지만 조종사 남편을 하늘로 비상하게 만드는 파워를 가진 사람을 뜻한다. 실제로 전투조종사가 힘든 비행 임무를 완벽하게 수행할 수 있도록 용기를 제공해주는 사람이 바로 그들의 아내다.

정 소령은 자신의 G-슈트*에다 아내의 네임 패치를 붙이고 다녔다. 다른 공군 조종사들에게서 흔히 볼 수 없는 모습이었다. 그 이유를 정 소령에게 물었다.

"아, 이거요. 제가 충주기지에서 근무했을 때, 당시 비행단장님께서 '7월 3일 조종사의 날**'에 큰 선물을 주셨습니다. 그동안 조종사 남편들의 뒷바라지에 수고한 아내들을 초청해서 하이 택싱 High Taxing***을 시켜주셨습니다. 그때 부대에서 아내의 조종 명찰을 만들어주었는데 그 후 그것을 쓸 일이 없었습니다. 그래서 제 G-슈트에 붙이고 다녔습니다. 그랬더니 전보다 비행이 한결 편안해지는 것을 느꼈습니다. 아내의 기도가 늘 저를 지켜주고 있다는 생각 때문일 겁니다. 저도 더 겸손한 비행을 위해서 노력하게 되었고요. 암튼 저에겐 아내의 네임 패치는 부적처럼 느껴집니다. 어쩌면 제가 아내와 함께 비행하는 것인지도 모르지요." 그러면서 정 소령은 겸연쩍게 웃었다.

공군 조종사의 세계에서 정 소령은 심지가 곧은 인물이다. 어머

---

* G-슈트는 일종의 비행 보조 장비를 말한다. 조종사가 높은 하늘에서 급선회를 하는 과정에서 중력가속도에 따른 신체적 압박이 가해지면 G-슈트가 풍선처럼 부풀어 오르면서 조종사의 복근과 대퇴근을 강력하게 압박해서 피가 머리에서 하체로 쏠리는 것을 막아준다.

** 6 · 25 남침전쟁이 일어났을 때, 우리나라는 전투기를 1대도 갖지 못했다. 1950년 6월 26일 밤, 우리 공군의 이근석 대령을 비롯한 10인의 조종사가 이다쓰케 주일 미군기지로 날아가 몇 차례의 기종 전환 훈련을 받았다. 그리고 7월 2일 F-51D 전투기 10대를 대구기지로 전개한 후, 7월 3일부터 첫 출격을 감행했다. 공군은 2008년부터 그날을 '조종사의 날'로 선포하고 선배 전투조종사들의 투혼을 기리는 행사를 해오고 있다.

*** 하이 택싱은 전투기가 상공으로 이륙하지 않고 지상에서 고속 질주하는 것을 의미한다.

| 정철우 소령의 G-슈트에 붙어 있는 아내의 네임 패치.

니 뱃속부터 크리스천이었던 그는 어릴 때부터 꿈이 전투조종사였다. 영화 〈탑건〉을 본 후, 전투조종사에 대한 갈망은 신앙적인 수준으로 발전했다. 그러나 공사에 응시했다가 떨어지는 바람에 그의 꿈은 좌절되었다. 결국 그는 충남대학교 항공우주공학과에 입학해서 항공 분야를 공부하는 것으로 만족해야 했다.

그런데 병역 문제를 알아보기 위해 병무청에 갔다가 '공군 조종

장학생' 모집 광고를 보고 도전해서 전투조종사의 꿈을 이룬 의지의 젊은이였다. 지칠 줄 모르는 그의 열정은 마침내 블랙이글스 조종사로 변모해서 수많은 어린이들에게 꿈과 희망의 바이러스를 퍼뜨리는 역할을 수행하고 있다.

그에게 가족에 대한 생각을 물었다. 순간, 그의 얼굴 표정이 굳어졌다. "아내에게 저는 0점짜리 남편입니다. 에어쇼가 있는 날은 아이가 아파도, 결혼기념일이나 가족 생일이 있어도 아내 혼자 해결해야 합니다. 아내와 연애할 때는 따뜻하고 멋진 남자가 되겠다고 굳게 약속했는데……. 돌이켜보니 아내에게 거짓말만 잔뜩 한 것 같습니다. 또 어린이날 다른 집 아이들을 위해 에어쇼를 할 때면 집에 혼자 있을 제 아이가 눈에 밟혀 가슴이 아픕니다. 그런 만큼 앞으로 블랙이글스 임무를 마치고 나면, 아내와 아이들을 좀 더 많이 사랑해주고 싶습니다."

아내의 애환

그의 아내에게도 블랙이글스 조종사 남편과 살아오면서 느낀 애환에 대해서 몇 가지 질문을 했다.

"결혼 전과 결혼 후, 블랙이글스 조종사 남편에 대한 생각 중 달라진 게 있나요?"

"제 남편은 한결같은 사람입니다. 연애할 때는 전투조종사가 그렇게 힘들고 위험한 직업인지 잘 몰랐습니다. 그땐 조종복과 빨간 마후라를 목에 건 남편이 최고로 멋져 보였으니까요. 그런데 결혼해보니 남편의 하루 일과가 숨이 막힐 정도로 꽉 짜여있고, 전투기를 탄다는 것이 목숨을 거는 일이라는 사실도 나중에 알게 되었습니다. 그러나 후회는 안합니다. 남편은 지금도 저에겐 가장 멋진 사람이니까요. 다만, 전보다 더 위험한 비행을 하는 것 같아서 걱정은 되지만, 남편을 믿기에 그런 내색은 일절 하지 않습니다."

"조종사 남편을 위해 가장 신경 쓰는 부분은 어떤 것인지요?"

"남편이 비행에만 전념할 수 있도록 도와줍니다. 집안 대소사 문제는 제가 알아서 다 처리합니다. 또 살다보면 남편과 다툴 일도 있는데, 주중에는 가급적 불편한 티를 내지 않습니다. 비행에 나쁜 영향을 줄 수 있기 때문입니다. 그래서 비행이 없는 주말에 시비를 거는데, 항상 부부싸움은 싱겁게 끝납니다. 처음 화가 났던 저도 시간이 지나면서 조금씩 풀리고, 남편도 미안하다고 고백하기 때문입니다. 한번은 선배 조종사 아주머니께서 '진정한 조종사 아내가 되려면 돌직구보다는 변화구에 능해야 한다'라고 말씀하신 적이 있는데 딱 맞는 말인 거 같습니다. 제가 늘 신경 쓰는 것은 남편이 빈속으로 비행하지 않도록 맛있는 식사를 준비하는 일입니다."

"조종사 남편을 둔 탓에 치러야 할 심적 고통이 있다면 어떤 것들이 있을까요?"

"비행 사고에 대한 염려가 가장 큽니다. 비행 안전은 조종사의 비행 능력과 컨디션, 완벽한 기체 정비, 기상이 삼위일체가 되어야 가능합니다. 이들 중 어느 것 하나라도 문제가 발생하면 위험할 수 있습니다. 요즘에는 비상 사출 장치가 좋아서 조종사들 대부분이 생존한다고 하지만, 그렇다고 100% 안심할 수는 없습니다.

또 저는 일어나자마자 하늘을 쳐다보는 버릇이 생겼습니다. 처녀 시절에는 하늘을 바라볼 일이 없었습니다. 날씨가 맑든, 구름이 잔뜩 끼어 있든, 비가 오든 그것이 저와는 무관했기 때문입니다. 그런데 지금은 은근히 비가 왔으면 좋겠다는 생각을 합니다. 그래야 남편이 하루쯤 비행을 쉴 수 있기 때문입니다. 그리고 조종사 남편과 여러 해를 살다보니까, 이제는 저도 날씨 분석에 일가견을 갖게 된 것 같습니다.

제가 고 오충현 대령님의 책 《하늘에 새긴 영원한 사랑, 조국》(21세기북스, 2013)을 읽고 엄청 울었던 기억이 있습니다. 오 대령님의 아주머니께서 남편의 비행 사고 전에 쓰신 일기 중에 '나그네 같은 이 짧은 삶을 사는 동안 서로 짝을 잃는 고통만큼은 없었으면 좋겠다'는 대목을 읽으면서 2012년 11월 15일 날 순직하신 김완희 소령님이 떠올랐기 때문입니다. 평소 열정과 순수함을 겸비하시고 인격적으로도 훌륭하셨던 김 소령님의 산화는 저희 블랙이글스 조종사 아내들에겐 엄청 큰 슬픔이었습니다.

조종사 아내들은 출근하는 남편을 현관에서 건성으로 배웅하지 않습니다. 아침에 현관문을 나섰던 남편과 두 번 다시 만나지 못하는 조종사 아내들이 존재하기 때문입니다. 저희들은 날씨가 쾌청한데도 공군기지가 조용하면 매우 불안해합니다. 비행 사고가 발생하면 모든 공군기지가 비행을 중단하기 때문입니다. 전투기 엔진의 굉음 때문에 난청이 되는 한이 있어도 저희들은 전투기들이 쉼 없이 뜨고 내리면서 공군기지에 활력이 넘쳐날 때 오히려 마음이 편안합니다. 일반인들은 저희들이 겪는 이런 아픔을 잘 모르실 겁니다."

정 소령은 블랙이글스의 7번기 '솔로'로서 가장 박진감 넘치는 비행으로 에어쇼의 긴장감을 높여주는 조종사다. 블랙이글스 에어쇼의 24개 공중 기동 과목 중에서 23번째 공중 기동 과목이 최대 성능 기동인 '막스 머뉴버Max Maneuver'인데, 그것은 자기 몸무게의 8배가 되는 중력가속도의 압박을 견뎌야 하는 위험한 기동이다. 더욱이 그는 다른 블랙이글스 조종사보다 중력가속도를 견딜 수 있는 내성이 크지 않다고 고백하며 웨이트 트레이닝과 철저한 몸 관리를 통해 그것을 극복하고 있다고 했다. 그런 정 소령과 그의 아내가 살아가는 삶 자체가 '막스 머뉴버'였다. 그의 건투를 빈다.

성공 법칙 16
블랙이글스 팀원들처럼 아내에게 신뢰받는 배우자가 되라!

백지장도 맞들면 낫다. 성공하는 사람들은 훌륭한 배우자를 만났다는 공통점이 있다. 그러니 인생의 희로애락을 함께 하며 친구나 애인처럼 늘 활기찬 삶을 영위해 나갈 수 있는 인생 파트너를 신중하게 구하라. 그런 다음, 배우자로부터 신뢰와 존경을 받을 수 있도록 노력해라. 성공은 '수신제가치국평천하'의 또 다른 이름이다!

17. 1급 비밀

에어쇼를 맛깔나게 만들어주는 최고의 양념은 엔진 배기구 쪽에서 굵게 뿜어져 나오는 스모크다. 어떤 분은 그것을 항공기 배기가스나 비행운으로 착각한다. 애연가들이 자기 나름대로의 방식으로 담배 연기를 내뿜으며 '끽연'의 멋을 뽐내듯이 에어쇼를 하는 조종사들도 스모크를 통해 가장 멋진 비행 모습을 연출하고 싶어 한다.

그런 의미에서 스모크는 관람객들이 항공기를 쉽게 찾을 수 있도록 도와주는 동시에 파워풀한 공중 기동을 좀 더 생동감 있게 느낄 수 있도록 도와준다. 또 그것은 흰색 스모크와 빨강, 파랑 등 칼라 스모크로 나뉘는데, 특히 칼라 스모크의 제작 기술은 지금도 1급 비밀에 속할 만큼 베일에 싸여 있다. 그러나 블랙이글스는 2012년 한 정비사의 끈질긴 집념과 피나는 노력으로 그 기술을 독자적으로 개발하는 데 성공했다. 그 주인공은 블랙이글스 정비 책임관으로 근무하는 국중국 준위다.

조금만 기다려 주십시오!

　A-37B 시절에는 흰색 스모크만 사용했다. 정비사들이 칼라 스모크를 만들려고 노력했지만 펌프 고장과 착색 문제로 포기해야만 했다. 2012년 공군본부는 블랙이글스 정비팀에게 "칼라 스모크를 시현해보라"고 주문했다.

　처음엔 KAI가 추천한 방식대로 T-50B의 스모크용 연료 저장 탱크에 칼라 염료와 스핀들 오일Spindle Oil을 1:1 비율로 희석해서 시도해보았다. 그러나 칼라 염료의 희석이 제대로 이루어지지 않아서 칼라 스모크의 시현 효과가 미미했다. 스모크가 항공기에 달라붙는 착색 문제도 심각했다.

　칼라 스모크 기술은 영국의 '레드 애로우즈' 팀만 보유한 상태였고 미국을 비롯한 해외 유수 에어쇼팀들은 그것을 확보하기 위해 동분서주했다. 과거 국내 유명 화학 회사도 칼라 스모크의 시현에 실패한 적이 있기 때문에 블랙이글스 정비팀 내부에는 "헛고생 그만 하라"는 분위기도 일부 있었다.

　이때 국 준위가 팔을 걷어 부치고 나섰다. 그가 공군본부와 블랙이글스 지휘부에 했던 말은 한마디였다. "조금만 기다려 주십시오!" 그는 주변에서 구할 수 있는 희석제를 모두 확보했다. 휘발유, 경유, 신나, 아세톤, 알코올, ○○○, 엔진오일, 유압유, 스핀들 오일 등. 그리고 그것을 하나씩 염료만 담은 병에 뿌린 다음, 희석되는 과정을 꼼꼼하게 점검하고 그 결과를 기록해 나갔다.

　그는 20여 일 동안 밤낮을 가리지 않고 실험에만 몰두했다. 별도의 실험실이 있었던 것도 아니고, 실내에서 실험을 하기엔 위험 요소가 너무 많았기 때문에 실외에서 강행했다. 또 부대 밖 자동차 폐차장에서 구해온 보닛 위에다 ○○○로 희석된 염료를 분사하면서 가스 토치를 사용해 칼라 스모크가 시현되는지를 체크했다. 가스 토치를 활용한 것은 항공기의 배기구에서 나오는 고온의 열을 인위적으로 만들기 위함이었다.
　그 결과 최고의 희석제는 휘발유와 신나였고, 다음이 ○○○이었다. 다른 것은 기준치에 크게 미달되었다. 그러나 신나와 휘발유는 폭발성이 큰데다 항공기의 일부 부품에 나쁜 영향을 줄 수도 있다는 생각에서 ○○○을 차선의 대안으로 확정했다.

| T-50B가 멋진 칼라 스모크를 시현하고 있다.

장인 정신

　칼라 염료의 희석제로 ○○○이 선정되자 이번에는 안전성에 대한 논란이 벌어졌다. 블랙이글스 조종사들이 "○○○을 염료 희석제로 사용할 경우, 안전성 문제는 확실하게 담보할 수 있는가? 전문 기관에 의뢰해서 ○○○의 안정성 여부에 대해 검토를 받아야 한다"라고 주장했다. 그것은 일리 있는 이의 제기였다.
　국 준위는 1차로 KAI 측에 의뢰해서 긍정적인 답변을 얻었다. 그러나 답변을 공식 문서가 아니라 레터 형식으로 보내왔다. 그래서 "공식 문서로 보내주었으면 좋겠다"고 요청하자 추후 책임성 논란에서 자유롭고 싶던 KAI는 난색을 표명했다. 결국 공군 군수사령부 산하의 항공기술연구소가 국 준위의 모든 실험 과정, ○○○

의 희석 과정, 착색 및 그 제거 과정을 면밀하게 평가한 후, 적합 판정을 내려주었다.

멀고도 험한 길이었다. 국 준위에게 칼라 스모크를 시현한 소감을 물어봤다.

"8대의 T-50B가 칼라 스모크를 시현하며 멋진 에어쇼를 할 때마다 남모를 뿌듯함을 느낍니다. 저희 정비사들은 누가 알아주든, 알아주지 않든 자신이 맡은 일에 보람과 사명감을 느끼며 살아가는 '쟁이'들입니다. 처음 칼라 스모크를 시현했을 때의 기쁨은 제가 죽는 그 순간까지 영원히 잊지 못할 것 같습니다. 칼라 스모크는 미지의 수수께끼를 풀어나가는 과정에서 꽁꽁 언 손을 녹이면서 함께 고생했던 박정욱 원사를 비롯한 후배 정비사들의 조건 없는 헌신과 협조가 있었기에 가능했습니다. 자랑스러운 우리 정비팀원들에게 고마운 마음을 전합니다."

흰색 스모크도 블랙이글스 정비사들에 의해 새롭게 진화했다. A-37B 시절에는 스핀들 오일을 이용해서 흰색 스모크를 연출했다. 문제는 그것이 고가라는 점이다. 그들은 1차로 경유와 스핀들 오일을 1:1 비율로 희석해 흰색 스모크를 시현하는 데 성공했고 나중에는 순수 경유만으로도 그것을 가능하게 했다. 그로 인해 예산 절감은 물론 에어쇼를 위해 별도의 오일 보급 차량을 끌고 다닐 필요가 없게 되었다. 경유는 언제든지 인근 공군기지로부터 제공받을 수 있기 때문이다.

스모크의 생성 원리

T-50B는 스모크용 연료 저장 탱크를 내장하고 있다. 칼라 스모크용 연료 저장 탱크는 T-50B를 뒤에서 앞쪽으로 봤을 때를 기준으로 전방 좌측 상단에, 흰색 스모크용 연료 저장 탱크는 후방의 중앙 동체 부분에 내장되어 있다. 또 칼라 스모크용 연료 저장 탱크 용량은 21갤런, 흰색 스모크용 연료 저장 탱크 용량은 45갤런이며 총 66갤런의 연료로 35~40분 정도의 에어쇼를 할 수 있다.

칼라 염료 가운데 파랑색 염료는 1번기, 4번기, 5번기, 6번기의 T-50B에, 빨강색 염료는 2번기, 3번기, 7번기, 8번기 T-50B에 투입한다. 따라서 관람객들은 파랑색 스모크와 빨강색 스모크를 시현하는 것만 보고도 저 항공기가 몇 번기 T-50B인지 대충 알 수 있다. 그런데 칼라 염료는 국가급 행사, VIP 초청 행사, 국군의 날 행사, 대규모 군·민 참여 행사 때만 사용하고 나머지는 흰색 염료로 스모크를 연출한다. 비용 부담 때문이다.

칼라와 흰색 스모크의 생성 원리는 간단하다. 블랙이글스 조종사가 1번기 리더의 지시에 따라 조종석 내부에 설치된 스위치만 누르면 셧 오프Shut-Off 밸브와 매뉴얼 셧 오프Manual Shut-Off 밸브를 통해 스모크 염료가 엔진 배기구 쪽으로 분사된다. 이 염료와 제트 엔진이 뿜어내는 뜨거운 에어Air에 의해 액체가 기체화된다. 이 때 기화된 미립자들이 주변의 차가운 공기와 접촉하면서 급랭한다. 이 과정에서 일시적으로 과포화 상태의 안개를 형성한 것이 칼라 스모크와 흰색 스모크다.

엔진 배기구에서 나오는 뜨거운 에어는 항공기의 속도에 따라 200°~400°C 정도이며 항공기가 최대 출력으로 날 때는 1,000°C가 넘는다. 참고로 항공기가 최대 출력을 내는 경우엔 스모크가 발생하지 않는다. 화염 수준의 뜨거운 에어에 의해 염료 자체가 완전 연소되기 때문이다. T-50B의 엔진 배기구 쪽에는 튜브로 된 2개의 배출구가 설치되어 있으며 칼라 스모크용 배출구는 우측에, 흰색 스모크용 배출구는 좌측에 연결되어 있다.

이 세상은 자신이 아는 만큼만 볼 수 있다. 에어쇼도 마찬가지다. T-50B의 특성과 제원, 24개 공중 기동 과목, 내레이션과 에어쇼 배경음악, 정비사들의 숨은 노고, 삼색 스모크에 얽힌 비밀까지 이해하고 에어쇼를 관람한다면 다른 사람들보다 에어쇼의 진수를 만끽할 수 있을 것이다.

성공 법칙 17
블랙이글스 팀원들처럼 주인 정신으로 일하라!

성공한 사람들은 거의 모두 손님이 아니라 주인 정신으로 일했던 사람이다. 고 정주영 현대그룹 명예회장은 쌀가게였던 복흥상회의 배달원으로 일할 때 주인 정신으로 일했다. 그에 감동한 쌀가게 주인은 복흥상회를 자기 아들을 제쳐두고 정주영에게 물려줬다. 세상과 사람을 감동시키는 것은 손님 정신이 아니라 주인 정신이다. 블랙이글스의 국중국 준위, 박정욱 원사, 남궁용주 중사, 유한솔 하사를 비롯한 정비팀들처럼 주인 정신을 갖고 일하라!

18. 창공에 묻힌 별 셋

≪자경문自警文≫을 보면 '삭비지조 홀유이망지앙數飛之鳥 忽有罹網之殃'이라는 글귀가 나온다. "자주 나는 새는 그물에 걸리는 재앙이 있다"는 뜻이다. 이것은 상대적으로 비행을 많이 해야 하는 젊은 공군 조종사들의 산화를 대변해주는 말처럼 느껴진다.

실제로 서울 동작동 국립현충원이나 대전 국립현충원에 가보면 중위, 대위, 소령급 조종사들이 가장 많이 산화했음을 알 수 있다. 그들은 조종 기량을 연마하기 위해 밤낮없이 비행 훈련에 전념해야 하는 계급이다. 따라서 위험에 노출되는 확률도 중령, 대령, 장군들보다 상대적으로 높을 수밖에 없다.

블랙이글스 조종사들도 마찬가지다. 그들은 모두 대위나 소령급 조종사인데다 고난이도의 비행 훈련을 하면서 에어쇼를 준비해야 한다. 1953년 10월 경남 사천기지에서 F-51D 4대로 특수비행을 시작한 이래, 지금까지 세 분의 블랙이글스 조종사가 안타깝게 산화했다.

별 하나

 1998년 5월 8일 오후 2시 30분경 강원도 춘천시 북산면 물로 2리 인근 상공에서 비행 훈련 중이던 블랙이글스 소속 A-37B 항공기 2대가 공중 충돌하는 사건이 발생했다. K조종사가 조종하는 3번기 A-37B의 날개 끝이 1번기 A-37B의 꼬리날개와 부딪친 것이다. 리더기인 1번기에는 조원훈 소령이 타고 있었다.
 사고는 눈 깜짝할 사이에 일어났다. 순간 2번기를 조종하던 진영승 대위를 비롯한 팀원들은 일제히 "브레이크"를 외쳤다. 브레이크는 블랙이글스 조종사들이 항공기의 공중 충돌이나 긴박한 위험 징후를 느낄 때, 어느 조종사라도 외칠 수 있는 긴급 명령이다. 그들은 브레이크란 말과 함께 사전에 약속된 방향으로 각자 신속하게 흩어지도록 훈련되어 있었다.
 진 대위를 비롯한 4명의 조종사는 긴급 산개散開를 하면서도 1번기와 3번기를 애타게 호출했다. 그러나 1번기는 말이 없었다. 그들은 공중 선회를 계속 시도하면서 지상 쪽을 바라보았다. 이미 인근 야산에 추락한 1번기는 검붉은 연기로 자신의 위치를 알려주고 있었다. 불행 중 다행으로 3번기는 날개가 파손된 채로 모기지에 귀환했다. 슬픈 비행이었다.
 얼마 전, 당시 대위였던 진영승 대령을 만났다. 그에게 두 가지를 단도직입적으로 물어봤다. 사고 당시의 상황과 조원훈 소령에 대한 이야기였다. 기억하고 싶지 않은 과거를 회상하게 만든 미안함은 말로 표현하기 힘들었다. 그러나 진 대령은 "이것도 블랙이 글스의 소중한 역사이기 때문에 있는 그대로 기록해놓을 필요가 있다"면서 담담하게 그날의 상황과 조 소령에 대한 이모저모를 이야기해 주었다.

"저희들이 탔던 A-37B는 2개의 엔진과 선회 반경이 짧다는 장점이 있지만 일자형의 크고 긴 날개와 날개 끝에 연료 저장 탱크가 있어서 롤링rolling을 비롯한 기동성에는 다소 제한이 있었던 항공기였습니다. 또 날개가 크고 길다는 것은 공중에서 바람의 영향을 많이 받을 수밖에 없다는 것을 말합니다. 그날 사고도 이런 것들이 복합적으로 작용해서 일어났다고 봅니다.

조 소령님은 저의 공사 5년 선배이셨습니다. 또 그 분은 A-37B를 오래 타셨기 때문에 그 기종에 관한 한 전문가셨습니다. 블랙이글스 팀장도 그래서 맡게 된 겁니다. 또 사고 직전에 영국 '레드 애로우즈'팀을 방문해서 많은 공중 기동 과목에 대한 지식과 정보를 갖고 귀국한 후, 그것을 블랙이글스에 접목시키려고 무던 애를 쓰셨습니다. 성격도 따뜻하고 차분한 분이셨습니다. 후배들에게도 '자기계발을 열심히 하라'며 자주 격려해주셨던 좋은 선배 조종사로 기억합니다."

A-37B는 '드래건 플라이'라고 불리며 미국 세스나사가 중등 비행 훈련기로 제작한 T-37 훈련기를 공격형 항공기로 개량한 것으로서 저속 기동성이 뛰어났다. 블랙이글스는 기존의 A-37B에서 7.62mm 미니건을 제거하고 조종석 오른쪽에 스모크 발생기를 부

착한 후 에어쇼에 활용해오던 중 사고가 일어난 것이다. 이날 사고는 블랙이글스한테 일어난 최초의 항공기 추락 사고로 기록되었으며 고 조원훈 소령은 공군 중령으로 추서된 후 대전 국립현충원 장교 제1묘역 207블록(묘비번호 2594)에 안장되었다.

별 둘

2006년 5월 5일 어린이날, 또 한 분의 블랙이글스 조종사가 산화했다. 비운의 주인공은 김도현 대위였다. 활동 반경이 가장 큰 6번기 A-37B를 조종한 김 대위는 에어쇼가 절정에 이르렀을 때, '나이프 에지knife edge' 기동을 시도했다. 그것은 400m 상공에서 5번기와 6번기가 마주보며 날아오다가 관람석 앞 상공에서 기체를 좌우로 90도 비틀고 날아가며 360도 회전한 후 수직 상승하는 고난이도 기동이었다. 그러나 김 대위가 탄 6번기 A-37B는 수직 상승을 하지 못하고 수원기지의 활주로에 추락하고 말았다. 갑작스러운 엔진 정지가 문제였다.

한편, 기체 추락을 직감한 김 대위는 비상 탈출을 포기하고, 어린이들을 비롯한 수많은 사람들이 운집해 있는 관람석을 피해 주활주로 쪽으로 A-37B의 기수를 돌려놓은 후 애기와 함께 산화했다. 더욱이 그날은 그의 결혼 4주기 기념일이었다. 최영훈 공군 역사기록단장은 한 일간신문의 칼럼에서 그의 숭고한 비행 정신을 다음과 같이 추모하며 안타까워했다. "고 김도현 소령(추서 계급)은 수원기지에서 어린이날 행사 축하 비행을 하다가 불의의 사고로 순직했다. 낮은 고도에서 추락한 탓인지 시신은 그다지 훼손되지 않았는데 그의 오른손은 숨결이 떠난 지 한참인데도 조종간을 굳게 붙들고 있었다."

김 대위는 생전에 어느 작가와 한 인터뷰에서 이런 말을 한 적이 있다.

"나도 언젠가는 블랙이글스 조종사가 꼭 되어야겠다고 생각했다. 그런데 막상 블랙이글스로부터 '함께 비행할 용의가 없냐?'는 제안을 받았을 때는 축구를 하다가 다리가 부러진 상태였다. 그 때문에 한동안 비행을 못했지만 블랙이글스에 들어가지 못한 게 한스러웠다. 하지만 블랙이글스는 절망감에 빠져있던 나를 기다려줬다. 그리고 얼마 후 나는 그간의 정신적 방황을 끝내고 블랙이글스 조종사가 될 수 있었다. 특히 나를 블랙이글스에 추천해주고 6번기의 비행 임무까지 완벽하게 가르쳐준 박상현 소령을 비롯한 선배 팀원들에게 감사드린다."

이것은 그가 블랙이글스를 얼마나 사랑하고 좋아했는지 보여주는 좋은 일화이다. 당시 창공을 함께 누빈 동료 조종사들에 따르면 그는 에어쇼를 통해 어린이들을 만나는 것을 무척 좋아했고 관람객들을 "팬"이라고 호칭하며 그들과 소통하는 것을 즐겼다고 한다. 그가 좋은 대학에 충분히 진학할 수 있었음에도 불구하고 공사에 입학한 것은 고등학교 3학년 때 친구들과 함께 본 영화 〈탑건〉 때문이었다. 전투조종사로 열연한 톰 크루즈에게 묘한 매력을 느끼고 빨간 마후라의 꿈을 키운 것이다.

그 후 "비행은 항상 겸손하게"라는 신념으로 공군 조종사의 길을 걸으며 동기생들한테 미래의 참모총장감으로 칭송을 받은 그는 자신이 좋아한 어린이들의 사랑과 눈물을 뒤로 한 채 창공에 묻혔다. 그의 영결식은 2006년 5월 8일 오후 3시 원주기지에서 거행되었다. 그리고 오후 6시, 공군 소령으로 추서된 그는 유족들과 동료 조종사, 동기생들의 애도 속에 대전 국립현충원 장교 제2묘역 213블록(묘비번호 6753)에 안장되었다.

별 셋

2012년은 블랙이글스의 한해였다. 영국 와딩턴과 리아트 에어쇼에서 아주 뛰어난 성적을 거두었기 때문이다. 공군은 블랙이글스 조종사들을 격려해주기 위해 8박 9일 일정으로 우방국 터키의 특수비행팀을 방문하는 기술 연수를 보내주었다. 그들은 귀국 후 시차 적응을 위해 3일간 휴식을 취한 다음, 11월 15일부터 비행 훈련을 시작했다. 갑작스런 8기 편대 비행은 무리였기 때문에 그 날 비행 훈련은 교육 임무 2기 출격, 단기 임무 1대 출격으로 진행되었다.

 2012년 11월 15일 오전 10시 23분, 교육 임무를 맡은 두 대의 T-50B가 원주기지의 활주로를 박차고 하늘로 치솟았다. 리더기의 조종은 김완희 대위가 맡았다. 그를 따르는 요기 조종사는 훈련조종사로 전입해 온 정종덕 대위였다. 물론 정 대위가 조종하는 T-50B의 후방 조종석에는 그의 비행 교육을 담당할 서영준 소령이 교관 자격으로 탑승했다.

 그런데 두 대의 항공기가 3,000피트(914m) 상공에 이르렀을 때, 김 대위가 탑승한 T-50B가 갑자기 지상을 향해 급강하를 했다. "요기는 어떤 일이 있더라도 리더기를 놓쳐서는 안 된다"라는 비행 지침에 따라 정 대위도 기수를 아래로 돌리며 급강하를 시도했다. 그러나 김 대위가 탑승한 T-50B의 하강 속도가 비정상적임을 직감한 서 소령이 순간적으로 "아이 갓 Got*"을 외치며 정 대위의 조종간을 낚아챘다. 그리고 기수를 올려서 위기를 모면했다. 순식간에 벌어진 일이라서 서 소령은 김 대위에게 무선 통신Radio Call으로 그것을 지적해줄 만한 여유가 없었다.

 서 소령과 정 대위가 리더기를 확인하기 위해 기동을 하려는 순간 지상에서 검붉게 피어오르는 화염과 연기가 보였다. 김 대위가 탈출했는지는 육안으로 확인할 수 없었다. 두 조종사는 추락 지점

---

* '아이 갓'은 항공기가 위험에 처했을 때, 조종에 좀 더 자신이 있는 사람이 "조종간을 내가 잡겠다"는 신호로 사용하는 말이다. 조종석이 1개뿐인 단좌 조종사는 이런 말을 할 수 없다. 조종석이 2개인 전투기에서만 사용할 수 있는 긴급 비상 용어다.

| 산화한 세 분의 블랙이글스 조종사를 추모하기 위해 만든 테마공원.

상공을 20분 정도 선회 비행하면서 교신을 통해 지상에 주변 상황을 자세하게 알려주었다. 같은 비행편조에서 추락 사고가 발생할 경우, 다른 비행편조는 구조를 위한 정보를 제공해야 하기 때문에 구조 전력이 도착할 때까지 추락 지점 상공에서 선회하며 대기하는 것도 중요한 임무 절차다. 김 대위는 안타깝게도 애기와 함께 산화했다. 비행 3일 전, 항공기의 고도를 조절하는 피치Pitch 조종 계통을 정비하면서 꽂아놓은 차단선을 뽑지 않은 게 화근이었다.

김 대위는 2003년 공군 소위로 임관한 후 2년 여간의 비행 훈련 과정을 거쳐 2005년에 일선 전투조종사로서 첫발을 내딛었다. 그리고 2011년 9월 블랙이글스 조종사가 되기까지 F-5E/F 전투기를 주 기종으로 1,057시간의 비행 시간을 보유하고 교관 자격증까지 취득한 베테랑 전투조종사였다. 그에게는 꿈이 하나 있었다. 바로 블랙이글스 조종사가 되는 것이었다.

2010년 블랙이글스에 도전했지만 기수 안배 문제로 한 차례 고배를 마셨다. 이듬해 재도전해서 블랙이글스 조종사가 되었지만 엄청난 시련이 기다리고 있었다. 에어쇼를 하려면 특수비행자격을 취득해야 했기 때문이다. 그는 1년 여 동안 총 45회의 특수비행 훈련을 받은 후, 2012년 9월에 정식으로 블랙이글스 조종사 자격을 취득했다. 그로부터 두 달 만에 산화한 것이다. 처절했던 그의 노력과 열정이 너무나도 안쓰럽고 애석하기 그지없다.

김 대위는 정의감이 넘치고 원칙을 중시하는 모범적인 군인이었다. 선배들에게는 예의바르고 후배들에게는 진급일을 직접 챙겨

줄 정도로 따뜻한 전투조종사였다. 영어도 잘해서 영국 에어쇼 때는 각국 특수비행팀 간의 교류나 협조 업무에 발군의 능력을 발휘하기도 했다.

또 영국 에어쇼 당시에는 특수비행자격이 없었기 때문에 8기 편대의 전방 조종석 조종사로 활동할 수 없었다. 그러자 1번기 T-50B의 후방 조종석에 앉아 태극기를 펼치면서 수많은 해외 관람객들에게 대한민국을 알리는 홍보도우미를 자처했다. 비록 단순한 임무였지만 그는 자신이 그런 역할을 할 수 있다는 사실에 기뻐했다.

최근 김 대위와 공사 동기생이면서 블랙이글스 5번기를 조종하며 싱크로리더 역할을 맡고 있는 심규용 소령을 만났다. 두 사람은 운명의 마지막 날 아침에도 모닝커피를 함께 나눈 '절친'이었다. 그가 가슴 속에 묻어둔 이야기 하나를 조심스럽게 꺼냈다.

"당시 저희 블랙이글스 조종사들이 공군 관사에서 콤비로 출근하는 시간은 정확히 오전 8시 15분입니다. 그날 완희는 콤비 시간을 잘못 맞춰 일찍 나왔는데 꽤 추웠나 봅니다. 그래서 다시 집에 들어가서 5분 동안 소파에 앉아 있다가 나왔다고 했습니다. 물론 제수씨와 딸 태린이는 자고 있었고요. 사고 이후, 곰곰이 생각해 보니 완희가 사랑하는 가족을 한 번 더 쳐다보고 떠나려한 게 아닌가 싶어서 무척 슬펐습니다. 나중에 제수씨에게 그 이야기를 전해주며 눈물을 흘린 기억이 있습니다. 친형제처럼 가깝게 지낸 동기였는데 이렇게 허망하게 사라져서 가슴이 아픕니다."

그의 영결식은 2012년 11월 17일 오전 10시 원주기지에서 거행되었다. 공군 소령으로 추서된 그는 오후 3시 유족들과 동료 조종사, 동기생들이 흘리는 눈물의 전송을 받으며 대전 국립현충원 장교 제1묘역 147블록(묘비번호 11250)에서 영면에 들어갔다. 안타까운 이별이었다.

성공 법칙 18
블랙이글스 팀원들처럼 자신이 좋아하는 일에 목숨을 걸어라!

두렵다는 이유로 자신이 좋아하는 일을 포기하는 사람은 성공하기 어렵다. 위기는 위험과 기회가 합쳐진 말이다. 기회는 위험한 순간을 잘 극복했을 때만 소리 소문 없이 다가오는 속성이 있다. 그러니 때로는 위험 속에 자신을 노출해 기회를 찾는 노력을 시도해야 한다. 특히 큰 성공을 거두기 위해서는……

19. 직격

　개인이 인격으로 평가를 받는다면, 국가 이미지는 국가의 품격인 국격에 의해 결정된다. 그렇다면 직업인을 평가하는 기준은 무엇일까? '직격職格'이다. 직격은 직업인으로서 갖춰야 할 사명 의식을 말한다. 세월호 참사도 직격의 부재가 불러온 대재앙이었다. 안전한 가정, 안전한 사회, 안전한 국가를 만들기 위한 최적의 대안은 직격을 확립하는 것이다. 직격에 관한 한, 대한민국 공군은 우리가 통째로 배워야 할 교과서이다.

시민 안전이 최우선

　블랙이글스 조종사들에게는 네 가지 행동 수칙이 있다.

1. 추락 시 어떤 일이 있더라도 민가와 관람객들에게 피해를 주지 마라.
2. 비상 상황에서는 가능한 한 탈출하라.
3. 비행에 대한 자만심을 갖지 말고 늘 초심을 지켜라.
4. 팀워크를 최상으로 유지하라.

모든 공군 조종사들은 빨간 마후라를 목에 거는 순간부터 "내 목숨보다는 시민 안전이 먼저다"라는 글귀를 뼛속 깊이 새긴다. 블랙이글스 조종사들은 거기에다 관람객의 안전을 하나 더 추가했다.

또 하늘에서 비상 상황이 발생하더라도 공군 조종사들은 곧바로 이젝션ejection(비상 탈출)을 감행하지 않는다. 그에게 주어진 시간은 길어봐야 몇 십초다. 그 사이에 애기를 구하기 위한 필사의 노력을 시도한다. 그럼에도 불가항력적인 상황이 계속되면 최후의 수단으로 이젝션을 단행한다. 다행스럽게도 현재 블랙이글스 조종사들 가운데 이젝션을 경험한 사람은 없다.

얼마 전, 한 전투조종사한테서 이젝션 순간의 긴박했던 이야기를 들었다. 그 주인공은 2009년 탑건 조종사, 2011년 군인본분위 국헌신상 수상, 2013년 최우수 전투비행대대장을 역임하고 현재 대구기지 표준화평가실장으로 재직 중인 이진욱 공군 중령이다. 그는 2001년 6월 8일 경북 안동 상공에서 야간 비행 훈련 중 F-16 전투기 엔진에 화재가 발생하자 하회 마을로 추락하는 전투기의 기수를 민가가 없는 야산으로 돌려놓은 후 이젝션을 감행했다. 가까스로 비상 탈출에 성공해서 목숨을 건졌다. 그는 긴박하고 초조했던 당시 상황을 차분하게 설명해주었다.

"함께 비행하던 동료 조종사로부터 엔진에 불이 붙었다는 무전이 들어왔습니다. 순간 제 애기에서는 여러 가지 경고등이 잇따라 켜지고 기체의 떨림과 소음도 심했습니다. 애기를 살려내야겠다는 생각이 제일 먼저 들었습니다. 그동안 이런 상황에 대비하기 위한 교육 훈련을 많이 받았지만 시간이 촉박한 상황에서 적절한 비상조치는 결코 쉬운 일이 아니었습니다. 공군 조종사는 누구든 자신의 한계에 대한 두려움을 갖고 있습니다. 다만, 밖으로 드러내지 않을 뿐입니다. 여기서 한계란 어떤 비상 상황까지는 몸소 해결할 수 있지만 그 이상으로 악화되면 자신도 어쩔 수 없다는 판단입니다.

그 다음 머리에 떠오른 것은 이렇게 생을 마감할 수 있겠다는 생각입니다. 지나온 삶의 모든 순간들이 제 눈앞을 스치고 지나갔습니다. 애기는 점점 더 통제 불능 상태에 빠져버렸습니다. 이젝션을 결심하고 나니 또 다른 고민거리가 생겼습니다. 애기를 어디에 추락시킬 것인가? 이런 문제였습니다. 전투조종사의 마지막 책임은 민간인 피해를 막는 일이기 때문입니다. 그래서 기수를 야산 쪽으로 돌려놓고 이젝션 레버를 힘껏 잡아당겼습니다. 조종석 밑에 있는 로켓의 폭발음과 함께 제 몸은 3차원 공간으로 수 백 미터 날아갔습니다. 저는 그 충격으로 잠깐 동안 의식을 잃었습니다.

정신을 차려보니 저는 낙하산에 매달린 채, 지상으로 내려오고 있었습니다. 그때 저와 반대 방향으로 이젝션을 한 다른 조종사는 무사할까라는 고민이 머리를 짓눌렀습니다. 그리고 하늘에서 제 애기가 거대한 폭발음과 함께 검붉은 화염 속으로 사라지는 모습을 안타깝게 지켜봐야 했습니다. 가슴이 찢어졌던 그 통한의 장면은 평생 동안 제 뇌리에서 지워지지 않을 것 같습니다."

브레이크와 웰던상

유도를 잘하려면 남을 공격하는 기술보다 잘 넘어지는 기술부터 철저하게 배워야 한다. 그래야만 다치지 않기 때문이다. 그래서 유도 입문자들은 '낙법'부터 체계적으로 배운다. 전투기 조종도 마찬가지다. 최정예 전투조종사가 되려면 공중 비상 상황이 발생할 때, 신속한 상황 판단과 적절한 대응 조치로 민간인 피해를 막으면서 자신의 목숨과 애기를 함께 구해낼 수 있어야 한다.

블랙이글스 조종사는 모두 베테랑 전투조종사들이다. 그런데도 그들은 공중에서 일어날 수 있는 여러 위험 요인들에 대비한 훈련을 반복해서 실시한다. 그동안 공군 특수비행팀은 F-51D와 F-86 4기, A-37B 6기, T-50B 8기 편대 순으로 항공기 숫자를 늘리면서 발전해왔다. 그런 만큼 비행 사고가 일어날 가능성이 높아지고 위험폭이 커진 게 사실이다. 그들은 작은 실수 하나가 대형 참사로 이어질 수 있기 때문에 늘 초심의 자세로 겸손한 비행을 하며 팀워크를 다지고 또 다진다.

비상 상황 시, 8명의 블랙이글스 조종사들이 공중에서 탈출할 방향은 제각기 다르다. 서로 다른 방향으로 신속하게 산개해야만 항공기들의 2차 충돌을 막을 수 있기 때문이다. 그들 가운데 제일 먼저 비상 상황을 감지한 조종사는 즉각 "브레이크"를 외쳐야 한다. 그러면 그들은 사전에 약속된 각자의 방향으로 재빠르게 현장 이탈을 시도한다. 이런 훈련은 8기 편대 비행을 할 때마다 공중에서 매번 실시하고 있다.

또 공군은 비상 상황에서 탁월한 비상조치로 인명과 재산 피해를 최소화했거나 항공기 사고를 막는 데 기여한 조종사나 정비사에게 '웰던well-done상'을 주고 있다. 전투조종사로서 웰던상을 받는다는 것은 영광스러운 일이다. 그것은 위기에 강한 전투조종사라고 공식적으로 인정하는 특별상이기 때문이다. 박상현 전 블랙이글스 비행대대장이 영예로운 웰던상을 수상한 바 있다.

그는 공군 대위 시절인 2000년 10월 18일 F-5E 전투기를 타고 서해안 ○○사격장에서 비행 임무를 수행하고 있는데, 엔진 하나가 갑자기 정지되는 일이 발생했다. 그는 비행 임무를 중지하고 자신의 애기를 가까운 서산기지에 무사히 착륙시켰다. 점검해보니까 연료 필터에 불순물이 끼어서 연료 공급이 안 된 상태였고, 나머지 한쪽 엔진까지 정지되었다면 전투기를 포기해야 할 판이었다. 그런 최악의 비상 상황이 발생하기 전에 전투기를 서산기지에 신속하게 착륙시킨 공로가 인정되어 웰던상을 받았다.

우리 사회가 혼탁하고 어지러운 이유는 고위 공직자 및 사회 지도층 인사들의 직격 수준이 낮기 때문이다. 이러한 때에 우리 사회가 공군 조종사들의 숭고한 직격을 본받아 사회적 가치로 승화시켜 나간다면, 지금보다 훨씬 더 평화롭고 안전한 사회를 만들 수 있을 것으로 확신한다. 모르면 그것을 감추지 말고 잘 아는 사람과 잘 하는 사람을 찾아가서 배우려고 노력해야 한다. 그것이 안전한 사회와 안전한 국가를 만드는 첩경이다.

성공 법칙 19
블랙이글스 팀원들처럼 직격을 철저하게 실천하라!

직업인으로서 갖춰야 할 사명 의식이 직격이다. 열차에 치일 뻔한 어린 아이를 구출하고 자신의 두 다리를 잃은 아름다운 철도원 김행균 씨가 보여준 정신이 바로 직격이다. 직격을 꾸준하게 실천하는 사람은 조직의 구조 조정 대상 명단에서 영원히 제외된다. 그러니 어떤 일은 하든지 자신이 하는 일에서 수준 높은 직격을 발휘해라. 그것을 실천하는 순간, 우리 청춘들은 성공의 보증수표를 쥔 사람으로 변신한 자신을 발견하게 될 것이다.

20. 도색의 비밀

이글 대형으로 비행하는 8대의 T-50B를 보면, 날렵하게 솟구치고 용감하게 몰아치는 8마리의 검수리를 보는 것 같은 착각에 빠진다. T-50B의 멋진 도색 때문이다. 어느 나라건 전투기의 도색은 회색이 주류를 이룬다. 회색은 구름 색깔과 비슷해서 적의 눈에 잘 띄지 않는다. 레이더에 포착되는 것은 어쩔 수 없다 해도 최소한 견착식 미사일이나 대공포를 운용하는 지상의 적에겐 발각되지 않아야만 전투기의 생존 가능성을 높일 수 있다.

반면 에어쇼를 하는 항공기들은 대부분 밝고 선명한 원색으로 기체 외부를 도색한다. 그것은 조종사의 비행 안전뿐 아니라 관람객들이 에어쇼를 잘 볼 수 있도록 하기 위함이다. T-50B 도색 역시 검은색, 노란색, 흰색으로 처리되어 있다. 조종석 앞부분과 날개, 그리고 꼬리 부분의 흰색은 마치 한 마리의 검수리가 비상하는 느낌을 준다. 양쪽 날개 끝의 비저블 라이트와 공기 흡입구 윗부분의 노란색은 T-50B의 폭과 조종석의 위치를 알려준다.

T-50B의 배면은 검은색 바탕에 노란색으로 도색했기 때문에 명시성이 뛰어나서 멀리서도 잘 보인다.

도색에 얽힌 에피소드

블랙이글스의 전용 항공기가 A-37B에서 T-50B로 바뀌면서 항공기 도색도 새롭게 바꿀 필요가 생겼다. A-37B의 도색은 원주기지 238전투비행대대의 길정우 대위(팬텀기 조종사로 복무 후 전역)가 주도했다. 그는 태극 문양을 기본으로 하고 비행에 영향을 주는 바람의 의미를 가미해 A-37B 특유의 매끄럽고 날렵한 이미지를 창출한 바 있다.

한편, 공군본부가 T-50B의 도색을 최종 확정한 것은 2009년 4월 30일이다. 2개월에 걸친 치열한 논의 끝에 결정했다. 물론 T-50B를 어떻게 도색할지는 그보다 훨씬 이전부터 구상되기 시작했다. 그것을 주도한 사람은 최근 제3대 53특수비행전대장으로 취임한 이철희 대령이다.

당시 비행대대장이던 이철희 중령은 블랙이글스가 T-50B로 새 출발을 하는 역사적인 시점에서 항공기 도색만큼은 외부 전문가의 의견을 최대한 반영해야겠다고 생각했다. 그렇다고 큰돈을 들여 외주를 줄 만한 상황도 아니었다. 그는 맨땅에 헤딩하는 심정

| 비상하는 검수리 문양으로 세계의 주목을 받는 T-50B의 윗면과 배면 도색.

으로 광주 지역에 있는 여러 대학의 미술 관련 학과 교수들을 알아봤다. 그런 다음, 디자인 분야에 조예가 깊은 조선대학교 미술대학 김명주 학장을 찾아가서 자문을 요청했다. 이 중령은 김 학장이 스포츠에 관심이 많다는 사실을 알고 그와 자주 운동을 하며 친밀한 관계를 유지했다.

또 항공기 도색에 관한 아이디어를 널리 구할 목적으로《국방일보》에다 세 차례에 걸쳐 공개 응모를 시도했다. 예산의 제약 때문에 1등은 상금 100만 원과 조종 점퍼, 2등은 상금 50만 원과 블랙이글스 액자, 3등은 블랙이글스 모자와 액자를 걸 수밖에 없었다. 그런데 놀랍게도 260여 개의 작품이 출품되었다. 그 가운데는 꽤 수준 높은 출품작도 여럿 있었다.

이 중령은 이들 가운데 10여 개의 출품작을 가지고 선호도 조사를 실시했다. 블랙이글스 조종사, 비행 시뮬레이션 동호회, 블랙이글스의 애호단체인 블루윙, 공군 인트라넷,《조선일보》유용원 기자의 '군사세계' 회원들 등을 상대로 인터넷 설문 조사를 실시했다. 그 과정에서 T-50B의 도색에 대한 최적의 선택이 1~2개로 좁혀졌다. 오랫동안 공군을 사랑해온 사람들은 항공기 도색에 관해서 거의 엇비슷하게 생각하고 있었다.

이렇게 도출된 도색 초안은 공군본부의 고위급 참모단 사이에서 토의에 붙여졌다. 그런데 검은색에 부담을 느낀 일부 참모들이 "검은색을 파란색으로 대체하는 게 좋을 것 같다"는 의견을 제시했다. 파란색이 공군 이미지와 부합하는 데다 아직까지 검은색으로 도색한 항공기를 보지 못한 상황에 따른 우려였다. 그날 참모단 토의에서는 결론을 내지 못했다.

239특수비행대대로 돌아온 이 중령과 블랙이글스 조종사들은 또 다시 숙고의 시간을 가졌다. 그들은 2개의 전투기 프라 모델에 검은색과 파란색을 칠해서 서로 비교해보았다. 또 몇 분의 비행 시뮬레이션 동호회원들을 섭외해서 T-50B와 유사한 F-16 전투기에 각각 검은색과 파란색을 도색한 다음 인터넷상의 3D 비행을 부탁했다. 그리고 그것을 CD에 담았다.

이 중령은 그것을 들고 유용원 기자를 찾아가서 군사세계 회원들의 의견을 들었다. 인터넷에 그들의 찬반 의견이 엄청나게 올라왔다. 그런데 댓글 중에는 용기를 주는 글귀가 꽤 많았다. 그들의 요지는 "파란색으로 T-50B를 도색하면 블랙이글스가 아니라 블루이글스가 되어야 한다"라는 것이었다. 이 중령은 그들의 의견을 공군본부의 고위급 참모단 토의에서 공개하며 최종 결정을 내려 달라고 요청했다. 마침내 공군본부 고위급 참모단은 이 중령과 블랙이글스 조종사들이 간절히 원한, 현재와 같은 T-50B로 도색할 것을 최종 결정해주었다. 이 결과는 곧바로 KAI 측으로 넘어갔고 추후 도색의 세세한 내용은 블랙이글스 조종사들의 내부 토의를 통해 하나씩 마무리되었다.

무엇보다도 T-50B 꼬리날개에 들어간 '태극기', 'ROKAF', '대한민국 공군'은 글자체와 그 크기에 이르기까지 꼼꼼하고 치열한 내부 검토를 거쳐 완성되었다. 당초 이 중령은 태극기를 크게 만들고 싶었다. 그러나 블랙이글스 조종사들은 "그것이 너무 크면 촌스럽다"라며 반대했다. 또 그들은 "자랑스러운 대한민국 태극기는 테두리로 깔끔하게 마무리해야 한다"라고 주장해서 태극기를 다시 수정하는 작업을 벌이기도 했다.

숨은 주역들, 그리고 감사

T-50B의 도색에 결정적으로 기여한 사람은 공개 응모에서 최우수상을 탄 황정광 상병(공군 교육사령부 근무)과 우수상을 수상한 조승민 대위(육군 항공작전사령부 근무)다. 황 상병의 작품은 T-50B의

윗면 도색에 활용되었고, 조 대위의 아이디어는 T-50B 배면 도색의 기초가 되었다. 결국 T-50B의 도색은 이 두 사람의 아이디어가 결합된 셈이다.

그러나 260여 명에 이르는 분들이 귀중한 아이디어를 제공해주었고 공군과 블랙이글스를 사랑하는 많은 분들의 관심과 성원이 있었기 때문에 가능했다. 그들이 모두 T-50B 도색의 숨은 주역이다. T-50B의 도색이 세계적인 찬사를 받는 까닭도 그처럼 하나로 결집된 정성이 있었기 때문에 가능했다. A-37B부터 T-50B까지 조종하며 에어쇼를 펼친 전 블랙이글스 비행대대장 박상현 중령은 T-50B의 도색에 관한 자부심이 대단했다.

"아마도 군용 항공기에 검은색을 차용한 나라는 대한민국이 최초일 겁니다. 하늘에 올라가면 전투기의 윗면과 아랫면이 구분이 잘 안 됩니다. 그래서 항공기가 멀리 떨어져 있을 때는 그것이 저를 향해 다가오는 것인지, 아니면 저로부터 멀어지는 것인지 헷갈릴 때가 있습니다. 그런데 T-50B는 검은색 바탕에 흰색이 들어간 게 윗면이고, 노란색이 들어간 게 아랫면이기 때문에 금방 구분이 가능합니다. 또 검은색과 흰색, 검은색과 노란색은 눈에 잘 띄는 색깔이기 때문에 하늘에서도 항공기 위치를 재빨리 파악할 수 있습니다. 이것은 블랙이글스 조종사들의 비행 안전과 직결되는 일입니다. 게다가 편대 비행을 오랫동안 해도 착시 현상이 일어나지 않고 날개 위치에 따라서 참조점을 쉽게 정할 수 있다는 장점도 있습니다. 따라서 저는 T-50B의 멋진 도색을 위해 수고해준 분들께 늘 감사하며 비행했습니다. 아마 후배 조종사들도 저와 똑같은 심정일 겁니다."

성공 법칙 20
블랙이글스 팀원들처럼 남의 아이디어를 끊임없이 구하라!

어느 사회나 사람이건 독불장군은 반드시 패한다. 10명의 지혜를 모은 사람은 본인의 지혜만 가진 사람을 이기고, 100명의 지혜를 결집한 사람은 10명의 지혜를 모은 사람을 능히 이기는 법이다. 그러니 경청하는 자세로 남의 지혜와 아이디어를 모으는 데 주저하지 마라! 내 지혜가 모자랄 때, 남의 지혜를 잘 빌릴 수 있는 것도 그 사람의 탁월한 능력이다.

'헌신'편을 통해 배우는 블랙이글스의 성공 법칙

- **성공 법칙 11** : 블랙이글스 팀원들처럼 다른 사람에게 꿈을 파는 세일즈맨이 되라!

- **성공 법칙 12** : 블랙이글스 팀원들처럼 고정관념을 과감하게 깨트려라!

- **성공 법칙 13** : 블랙이글스 팀원들처럼 연습에 몰입하라!

- **성공 법칙 14** : 블랙이글스 팀원들처럼 범사에 감사하고 또 감사해라!

- **성공 법칙 15** : 블랙이글스 팀원들처럼 자기 절제를 생활화해라!

- **성공 법칙 16** : 블랙이글스 팀원들처럼 아내에게 신뢰받는 배우자가 되라!

- **성공 법칙 17** : 블랙이글스 팀원들처럼 주인 정신으로 일하라!

- **성공 법칙 18** : 블랙이글스 팀원들처럼 자신이 좋아하는 일에 목숨을 걸어라!

- **성공 법칙 19** : 블랙이글스 팀원들처럼 직격을 철저하게 실천하라!

- **성공 법칙 20** : 블랙이글스 팀원들처럼 남의 아이디어를 끊임없이 구하라!

제3부
전문성

제가 정비하는 F-5E/F 전투기는 전투조종사의 나이보다도 더 오래된 항공기입니다. 저는 지금까지 낡은 전투기에 생명의 '혼'을 불어넣는 정비의 마에스트로라는 생각으로 정비사의 삶을 살아왔습니다. 제가 정성을 다해 정비한 F-5E/F 전투기가 웅장한 엔진 굉음을 내며 출격한 후 아무런 문제없이 비행 임무를 완벽하게 수행하고 이글루로 무사 귀환 했을 때, 정비사로서 가장 큰 보람을 느끼고 있습니다. 그 자부심이 이글루 안의 혹한과 폭염을 극복하며 '쟁이'로서의 삶을 이어가게 한 힘의 원천입니다.

− 2012. 12. 27., 원주기지에서 만난 정비사 K 준위와의 인터뷰 중에서 −

21. 달인

몇 년 전, '달인'이 사회적 화제가 된 적 있다. 개그콘서트의 달인 코너가 인기를 끌면서 나타난 현상이다. 달인은 전문가를 뜻한다. 그것도 다른 사람들과 확실하게 차별되는 특별한 능력이나 재능을 지닌 최고 고수가 바로 달인이다. 우리 사회가 건전하게 발전하려면 각기 다른 분야에서 수많은 달인들이 출현해서 선순환적 가치를 끊임없이 창출해야 한다.

오래 전에 읽었던 책 ≪보이지 않는 것을 팔아라≫(해리 벡위드, 문예당, 1997)에서 달인의 참모습을 발견하고 감동한 적이 있다. 거기에는 현대 미술의 거장 파블로 피카소와 어느 목수의 일화가 등장한다.

어느 화창한 오후에 한 여인이 파리의 거리를 한가롭게 거닐고 있었다. 그때 그녀는 길가의 카페에서 스케치를 하고 있는 화가를 발견했다. 그녀가 즉석에서 약간 건방진 말투로 적당한 사례를 할 테니 자신을 스케치해줄 수 있느냐고 묻자 화가는 그러자고 승낙했다. 그리고 단 몇 분 만에 화가의 작품은 완성되었다. 그녀는 "얼마를 드려야 하나요?"라고 물었다. 그러자 화가는 "5천 프랑"이라고 대답했다. 까탈스런 그녀가 반문했다.

"어머 3분만에 다 그렸잖아요?"

그러자 화가가 대답했다.

"아닙니다. 이 정도의 그림을 그리기까지 내 일생이 걸렸습니다. 마담, 제가 바로 피카소입니다."

그녀는 깜짝 놀라며 5천 프랑을 군말 없이 지불했다.

다음은 어느 목수의 이야기다.

한 남자가 집을 수리하는 문제로 오랫동안 골머리를 썩이고 있었다. 자기 집 마룻바닥에서 삐걱거리는 소리가 계속해서 들렸기 때문이다. 그는 그것을 고쳐보려고 온갖 노력을 다했지만 허사였다. 결국 그는 자기 친구가 진짜 장인이라고 칭찬을 아끼지 않았던 어느 목수에게 수리를 의뢰했다.

그 목수는 도착하자마자 마루를 가로질러 방으로 걸어 나오면서 삐걱거리는 소리를 들었다. 그는 즉시 공구 통을 내려놓고 망치와

못 3개를 꺼낸 후 아주 능숙하게 마룻바닥에다 3번의 못질을 했다. 그러자 그동안 기분이 나쁠 정도로 귀에 거슬렸던 삐걱거리는 소리가 온데간데없이 사라졌다. 그 목수는 집주인에게 수리비 요금청구서를 내밀었다. 그 청구서는 단 2줄이었다.

"망치질에 2달러, 어디에서 소리가 나는지를 알아낸 것 43달러"

누구든지 미술의 기초 이론만 배우면 크로키나 데생 정도는 손쉽게 할 수 있다. 그러나 파블로 피카소와 같은 달인의 경지까지 오르려면 오랜 세월동안 각고의 노력을 기울여야 한다. 어쩌면 노력만으로는 불가능하고 천부적인 잠재 능력을 구비해야만 가능한 일인지도 모른다.

목수도 마찬가지다. 목공 일을 배우면 망치질 정도는 누구나 할 수 있다. 그러나 어디에서 불쾌한 소리가 나는지, 또 어디를 손봐야 그 소리를 한방에 잠재울 수 있는지를 아는 것은 고도로 숙련된 경험과 지혜가 필요하다. 그래서 아무나 할 수 있는 망치질의 가치는 2달러로 낮은 반면, 달인만이 할 수 있는 처방의 대가는 43달러로 높은 것이다. 그것이 바로 달인의 세계에서 통용되는 경제 논리다.

비행의 달인

　비행에 관한 한, 블랙이글스 조종사들은 달인의 경지에 오른 사람들이다. 블랙이글스 조종사는 자신이 하고 싶다고 해서 그냥 될 수 있는 게 아니다. 매우 엄격하고 까다로운 절차를 통과한 사람만이 T-50B를 조종하며 에어쇼를 할 수 있다. 블랙이글스 조종사가 되기 위한 정량적인 조건과 정성적인 조건은 아래와 같다.

　정량적인 조건은 네 가지다. 전투조종사 경력 8년 이상일 것, 총 비행 시간 800시간 이상일 것, 자신을 포함한 네 대의 전투기를 지휘할 수 있는 비행편대장 자격을 구비할 것, 중등·고등·작전 가능 과정 성적이 상위 30% 이내일 것 등이다. 이들 가운데 어느 것 하나라도 충족하지 못하면 블랙이글스 조종사가 될 수 없다. 게다가 1번기를 조종하며 8대의 T-50B를 리드하는 블랙이글스 팀장이 되려면 중등·고등·작전 가능 과정 성적이 상위 5% 이내에 들어가야 한다.

　정성적인 조건은 자기를 낮추며 팀워크를 잘할 수 있는 인품의 구비다. 블랙이글스 팀원들은 블랙이글스를 지원한 예비 후보들을 상대로 인품이 훌륭한지 꼼꼼하게 체크한다. 만약 블랙이글스 팀원 가운데 한 사람이라도 반대 의사를 표명하면 해당 조종사는 그대로 탈락이다. 그와 관련해서 블랙이글스 팀장 김용민 소령은 이런 말을 했다.

　"다소 민감한 문제라서 매우 조심스럽습니다만, 블랙이글스가 전

| 관람객들의 손에 땀을 쥐게 하는 블랙이글스의 디징 브레이크 기동 장면.

원 동의제 방식을 고집하는 데는 그럴 만한 이유가 있습니다. 8대의 T-50B로 이루어지는 블랙이글스 편대는 마치 한 몸처럼 기동해야 합니다. 저희들은 심장이 뛰는 속도도, 숨을 쉬는 것도, 눈동자를 굴리는 것도, 항공기에 오르는 것도, 캐노피를 닫는 것도 함께합니다. 또 아주 가까운 간격으로 비행하며 현란하게 흩어지고 모이는 장면을 수도 없이 반복하면서도 사고가 없으려면 서로에 대한 완벽한 믿음이 전제되어야 합니다. 전원 동의제를 특권 의식이라고 오해하는 분들도 있는데 사실은 그렇지 않다는 것만 말씀드리고 싶습니다."

재수생

블랙이글스 조종사는 공군 조종사들의 로망이다. 또 그들은 모두 전투조종사 출신이다. 평균 경쟁률도 3대 1 정도로 꽤 높은 편이다. 그러다보니 탈락자들도 자연스럽게 생겨날 수밖에 없다. 탈락자라고 해서 비행 기량이나 인품이 모자란 것은 결코 아니다. 기수 안배 차원에서 본의 아니게 탈락하는 경우도 있고, 한정된 자리에 여러 조종사들이 경쟁하다보니 비행 기량과 인격이 훌륭함에도 불구하고 선발되지 못하는 경우도 있다. 따라서 블랙이글스는 공모 과정에서 탈락한 전투조종사들에게 재도전할 수 있는 기회를 제공해준다. 실제로 블랙이글스 조종사들 가운데는 재수생 출신이 여럿 있다. 재수까지 감수하면서 블랙이글스 조종사가 되려고 노력하는 것을 보면 뭔가 거기에 묘한 매력이 있긴 있는 모양이다.

간혹 "기혼자인 전투조종사가 블랙이글스를 지원할 때, 배우자를 비롯한 가족들의 동의를 받아야 하느냐?"고 묻는 사람이 있다. 블랙이글스는 그것을 공식적으로 요구하지 않는다. 그것은 전투조종사 개인이 해결해야 할 문제다. 다만, 분명하게 말할 수 있는 것은 블랙이글스 조종사의 아내는 자기 남편을 자랑스러워하면서도 항상 불안한 마음을 갖고 산다는 사실이다. 관람객들은 조종사 남편의 멋진 에어쇼를 바라보며 환호와 탄성을 지르지만, 정작 그들의 아내는 그것을 쳐다보지 못하고 가슴을 졸이거나 눈물을 흘린다. 이런 상황이 바로 블랙이글스 조종사들의 가슴을 사정없이 후벼 파는 대목이다.

성공 법칙 21
블랙이글스 팀원들처럼 달인이란 이야기를 들어라!

자신이 일하는 분야에서 '달인'이란 이야기를 들으면 그는 성공한 사람에 속한다. 달인은 특정 분야에서 일가(一家)를 이룬 전문가를 뜻하기 때문이다. 'ㅇㅇ家'로 끝나는 분들이 바로 달인의 반열에 오른 사람들이다. 화가, 건축가, 미술가, 도예가, 조각가, 발명가 등등. 여러분들도 끝말에 '家' 자를 붙일 수 있도록 정진하고 또 정진하라!

22. GWP

'GWP'는 'Great Work Place'를 줄인 말로서 '일하기 좋은 일터'를 지칭한다. 이 단어를 최초로 사용한 사람은 미국의 경영컨설턴트인 로버트 레버링Robert Levering 박사다. 그는 뛰어난 재무적 성과를 거둔 GWP 기업들의 조직 문화를 연구해서 세계적인 경제전문지《포춘》(1988)에 발표한 바 있다.

3S와 세 가지 요건

로버트 레버링은 GWP와 관련해서 '3S와 세 가지 조건'을 제시했다. 그에 따르면 GWP 조직에서 일하는 구성원들의 행태는 3S, 즉 Say, Stay, Strive로 나타난다고 한다. 주위 사람은 물론 고객이나 동료들에게 자신이 소속된 조직에 대해서 긍정적으로 말하고

(Say), 다른 조직으로 이직하지 않고 현재의 조직에서 계속 머물고 싶어 하며(Stay), 조직의 비약적인 발전과 번영을 위해 최선의 노력을 경주한다는 것(Strive)이다.

또 그는 GWP의 요건으로 세 가지를 제시했다. 신뢰Trust, 자부심Pride, 재미Fun가 그것이다.

첫째, 신뢰는 구성원들이 CEO를 비롯한 리더들을 얼마나 믿고 따르는가와 관련된 개념이다. 구성원들은 리더의 능력과 자질을 인정하며 팔로워십을 발휘해야 한다. 그리고 리더 또한 구성원들을 존중하며 공정한 대우를 해야 한다. 그러면 신뢰 지수는 높아질 수밖에 없다.

둘째, 자부심은 자신이 하는 업무와 조직의 이미지에 느끼는 만족감에 따라 결정된다. 자신의 업무가 개인은 물론 국가 발전을 위해 중요한 것이라고 생각할수록 자부심은 커진다. 또 자신이 소속된 조직의 이미지가 가족이나 타인들한테서 호평을 받을 때, 강한 자부심을 느끼게 된다. 때로는 업무에 따른 경제적 보상도 자부심에 긍정적인 영향을 미친다.

셋째, 재미는 평소 자신이 하고 싶은 일을 마음껏 할 수 있을 때, 조직 내부의 근무 분위기가 좋아서 동료들과 함께 일하는 것 자체가 신나고 즐거울 때 느끼는 인간의 원초적 본능이다. 그렇기 때문에 구성원들이 서로 우호적이며 상대방에게 친근감을 가질 때, 배려와 상생 발전을 모토로 협업하는 것을 즐길 때 일에 대한 재미는 배가 되기 마련이다.

GWP는 마치 블랙이글스를 설명하기 위해서 생겨난 개념 같다. 블랙이글스 팀원들의 정신세계가 GWP의 3S와 세 가지 요건과 정확하게 일치하기 때문이다. 그들은 자신이 조종사든, 정비사든, 홍보 요원이든 간에 블랙이글스에 관해 자랑스럽게 말하고 오랫동안 블랙이글스 팀원으로 남아있기를 희망한다. 또 관람객들에게 무한 감동을 선사할 수 있는 지상 최고의 에어쇼가 될 수 있도록 각자 자신의 위치에서 최선을 다한다.

세 가지 모토

블랙이글스의 제1모토는 '신뢰'다. 구성원들 사이에 신뢰를 견고하게 구축했기 때문에 블랙이글스가 영국과 싱가포르 하늘에서 세계가 감탄할 만한 에어쇼를 펼칠 수 있었다. 1998년에 산화한 고 조원훈 블랙이글스 팀장은 생전에 이런 말을 남겼다.

"아무리 비행 실력이 뛰어나도 팀워크를 해칠 우려가 있는 조종사는 선발하지 않는 게 바람직합니다. 항공기 사이의 거리를 1.5~3m로 유지하며 고난이도 특수비행을 사고 없이 연출하기 위해서는 '이성적인 판단에 앞서 감성적인 합일'이 필요하기 때문입니다. 블랙이글스 조종사들에게 있어서 최대의 적은 불신입니다. 동료 조종사들이 '저 친구는 안 돼!'라는 생각을 갖고 있으면 사고가 발생할 확률이 매우 높습니다. 신뢰는 블랙이글스 팀원들의 좌우명입니다. 정말로 블랙이글스 조종사들이 두려워하는 것은 혹시라도 있을지 모르는 마음의 틈새입니다. 피나는 훈련만이 그것을 극복할 수 있는 최선의 히든카드입니다."

 제2모토는 '자부심'이다. 전투조종사는 1평도 채 안 되는 좁은 공간에 앉아서 수초마다 자신을 짓누르는 중력가속도의 고통과 싸우며 가장 넓은 조국 하늘을 지킨다는 자부심으로 살아간다. 블랙이글스 조종사들도 그들 못지않은 자부심으로 똘똘 뭉쳐 있다. 현재 블랙이글스 4번기를 조종하며 슬롯 역할을 맡고 있는 이상욱 소령의 이야기가 그것을 대변해준다.

 "국가대표 선수들이 태극 마크를 달고 뛰잖습니까? 저희 블랙이글스 조종사들도 대한민국과 공군을 대표하는 조종사로서 좌측 어깨에 태극 마크를 달고 있습니다. 저희들은 태극 마크를 단 사람으로서 우리나라의 공군력, 항공산업기술력, 그리고 KAI가 생산한 T-50 계열 항공기를 홍보하는 데 최선을 다하겠습니다."

 또 블랙이글스는 9대의 T-50B마다 정비사가 지정되어 있다. 이는 공군이 책임감을 부여하는 차원에서 T-50B를 포함한 모든 항공기에 채택하고 있는 제도다. 또 그 이면에는 조종사와 정비사의 팀워크는 물론 "내 손으로 직접 정비한 항공기는 이상무"라는 정비사의 강한 자부심도 녹아들어 있다. 조종사와 똑같은 검은색 행사복을 입고 에어쇼 현장을 누비는 정비사들 또한 블랙이글스의 자랑스러운 팀원이다. 그렇다고 다른 군인들에 비해 더 많은 보수나 대우를 받는 건 아니다. 그들은 명문 특수비행팀 블랙이글스에서 근무한다는 자부심 하나로 자신의 임무를 완수하는 데 최선을 다할 뿐이다.

제3모토는 '재미'다. 블랙이글스 조종사들은 에어쇼를 즐기고 자신들이 그것을 할 수 있다는 사실에 행복감을 느끼는 사람들이다. 자신이 즐겁기 때문에 수많은 관람객들에게도 그런 즐거움과 재미를 선사해주고 싶은 것이다. 자신은 불행한데 먹고 살기 위해 남을 웃겨야 하는 개그맨이 있다고 가정해보자. 그런 개그맨이 다른 사람에게 감동 어린 웃음을 안겨줄 수 있겠는가? 에어쇼도 마찬가지다.

블랙이글스 팀장 김용민 소령의 아내 오주은 씨가 2014년 싱가포르 에어쇼에 참가한 남편을 응원하며 한 말이 생각난다.

"지금까지 연습한 것처럼 그대로 하면 될 것 같고, 제일 중요한 건 안전이니까 팀원들 하고 함께 안전 비행하고……. 자기가 블랙이글스에 와서 에어쇼 하는 게 너무 행복하고 즐겁다고 했으니까 이번에도 팀원들하고 재미있게 즐겁게 에어쇼하고 돌아왔으면 좋겠어요. 그리고 늘 안전하게……."

이것은 비단 김 소령과 그 아내에만 국한된 이야기가 아니다. 다른 블랙이글스 팀원들도 에어쇼를 하면서 행복과 재미를 느끼기 때문에 수많은 사람들에게 그것의 진가를 느끼게 해주고 싶은 것이다. 우리가 그들을 순수하고 아름다운 사람들로 규정하고 싶은 이유도 그 때문이다.

성공 법칙 22
블랙이글스 팀원들처럼 거상의 자질을 구비하라!

남에게 재미와 행복을 파는 비즈니스맨이 되라. 그러면 사랑과 존경을 받을 뿐만 아니라 성공까지 거둘 수 있다. 최인호는 ≪상도≫에서 이렇게 말한다. 거상은 이윤이 아니라 사람을 남기는 상인이라고. 고객들에게 재미와 행복을 파는 상인이 사람을 남기는 상인이다. 거상의 반열에 오르면 많은 사람들이 몰려와서 큰 이윤을 얻게 해줄 것이다.

23. 특수비행

에어쇼와 관련된 각종 정보나 책을 읽으면서 당혹스러웠던 순간이 많았다. 일단 항공 용어 자체가 쉽게 다가오지 않았다. 대부분 영어인데다 개념마저 일반인이 이해하기에 너무 어려웠다. 어떤 경우는 같은 현상을 설명하는 것 같은데 제각기 다른 용어를 써서 뭐가 진짜인지 헷갈리는 경우도 적지 않았다. 곡예비행, 시험비행, 시범비행, 특수비행도 그 중 하나였다.

2014년 싱가포르 에어쇼 때, 블랙이글스 4번기를 조종한 조광휘 소령에게 "블랙이글스의 에어쇼를 곡예비행이라고 말하는 사람들이 있는데, 블랙이글스 조종사들도 그렇게 생각합니까?"라고 물어본 적이 있다. 그의 대답은 간단명료했다. "저희들은 곡예비행이라는 용어 자체에 거부감을 갖고 있습니다. 블랙이글스의 에어쇼는 특수비행이라고 생각합니다." 그래서 이철희 53특수비행전대장, 임한일 블랙이글스 비행대대장과 함께 곡예비행, 시험비행, 시범비행, 특수비행에 관한 개념을 정리해보았다.

곡예비행

곡예비행은 '스턴트 플라잉Stunt Flying' 또는 '플라잉 스턴트a Flying Stunt'로서 항공기를 가지고 여러 가지 공중 묘기를 선보이는 것을 의미한다. 2012년 7월에 개최된 영국 에어쇼에서 영국 '브라이틀링 윙워커스'팀의 비행이 대표적인 곡예비행이다. 비행 중인 항공기의 날개 위에서 같은 팀 소속 스턴트우먼들이 물구나무서기를 하며 바람과 중력가속도에 맞서는 위험한 묘기를 선보였다.

또 곡예비행의 경우 조종사의 신분은 민간인이며 항공기 대수도 많아야 1~2대가 전부다. 항공기도 군용 항공기가 아닌데다 성능 역시 프로펠러 수준이 대부분이다. 게다가 대가를 받고 곡예비행을 하기 때문에 상업적인 색채가 강한 공중서커스라는 느낌을 갖게 한다. 이런 이미지 때문에 블랙이글스 조종사들이 곡예비행이라면 알레르기 반응을 보이는 것이다.

시험비행

시험비행은 '엑스페리먼트 플라이트Experiment Flight'로서 항공기 제작사가 특정 항공기를 처음 생산한 후 당초 목표에 부합하도록 제대로 만들었는지, 성능이나 안전상의 문제는 없는지를 점검하

| 2012년 영국 에어쇼에서 영국 브라이틀링 윙워커스팀이 곡예비행을 보여주고 있다.

는 차원에서 실시하는 비행이다. 이것은 군용 항공기나 민간 항공기를 불문하고 함께 사용하는 용어다. 시험비행은 주로 항공기 제작사에 소속된 전문조종사가 담당한다.

다만, 군용 항공기의 경우는 전력화 사업을 추진하기 전에 공군의 소요제기에 부합하는지 여부를 정밀하게 점검할 목적에서 시험비행을 실시한다. KAI가 개발한 국산 초음속 훈련기 T-50의 경우는 우리 공군의 조광제 장군(현 공군본부 기획참모부장)과 이충환 대령이 시험비행 조종사로 많은 수고를 해준 것으로 알려져 있다.

시험비행 조종사는 아무나 할 수 있는 게 아니다. 시험비행은 안전성이 검증되지 않은 파일럿 테스트Pilot Test에 해당하는 만큼 위험도가 높다. 따라서 베테랑 조종사가 아니면 시험비행의 임무를 수행하기 어렵다. 또 언제든지 국가와 공군을 위해 기꺼이 헌신하겠다는 충성심을 갖지 않고는 불가능한 비행이다. 몸을 사리지 않은 시험비행 조종사들의 노력에 힘입어 우리 공군의 T-50과 T-50 계열 전투기의 전력화 사업이 차질 없이 진행될 수 있었다.

시범비행

　시범비행은 '데몬스트레이션 플라이트Demonstration Flight'로서 단기單機로 항공기의 최대 성능 기동을 관람객들에게 보여주는 비행을 지칭한다. 2012년 영국 판버러 에어쇼에서 고 노세권 중령과 정민철 소령이 T-50B로 솔로비행을 하며 다양한 공중 기동을 선보였는데, 그것이 바로 시범비행이다. 시범비행은 주로 군용 항공기, 그것도 전투기를 중심으로 이루어지는 것이 특징이다. 경우에 따라선 군용 수송기의 시범비행이 이루어지기도 한다. 당연히 시범비행을 맡는 조종사는 공군 조종사들이다.
　항공 선진국들이 시범비행에 관심과 정성을 쏟는 이유는 그것이 군용 항공기를 판매하는 중요한 통로 수단이 되기 때문이다. 군용기를 구매하려는 각국 정부와 공군관계자들은 군용 항공기의 시범비행을 관람하면서 성능, 가격, 안정성, 전투 기동, 무장 등에 관한 종합적인 정보를 취합한 후, 최종적으로 구매 여부를 결정한다.

특수비행

특수비행은 '아크로바틱 플라이트an Acrobatic Flight'로서 특별한 고난이도 임무를 띠고 실시하는 비행을 의미한다. 고난이도 임무라고 해서 반드시 적의 전쟁 의지를 꺾어놓거나 전술적 목표를 타격하기 위한 비행만을 지칭하지는 않는다. 국가 예산으로 유지 운영되는 공군의 대국민 신뢰와 홍보를 목적으로 이루어지는 비행도 광의의 고난이도 임무에 해당된다. 블랙이글스의 특수비행은 그런 목적을 달성하기 위해서 출발하였다.

특수비행의 요건은 크게 네 가지다. 조종사는 공군 소속의 조종사이어야 하고, 항공기 또한 군용 항공기를 활용해야 한다. 그리고 최소한 4대 이상의 군용 항공기가 공중 기동을 하면서 비상업적인 비행을 해야 한다. 여기서 비상업적인 비행이란 에어쇼를 해주고 대가를 받아서는 안 된다는 의미다.

블랙이글스는 이 조건을 완벽하게 충족한다. 블랙이글스 조종사들은 공군에서 엄선된 8명의 정예 전투조종사들로 구성되며, 그들이 운용하는 항공기는 군용 항공기인 T-50을 특수비행에 부합하도록 개조한 T-50B이다. 또 8대의 T-50B가 공중 기동을 하며, 블랙이글스의 에어쇼 관련 비용은 공군이 전액 부담한다.

이따금씩 아크로바틱 플라이트라는 용어를 근거로 블랙이글스의 에어쇼를 곡예비행이라고 주장하는 분들이 있다. '아크로바틱'이란 단어 속에 이미 곡예비용의 의미가 내재된 것이라고 우기면서 말이다. 이는 외국에서 특수비행을 그렇게 정의해 놓은 것에 불과하다. 그리고 특수비행의 후발 주자인 블랙이글스는 그것을 그대로 차용할 수밖에 없었을 것이다. 이제 블랙이글스가 세계적인 특수비행팀으로 발돋움한 이상, 특수비행에 관한 정의도 새롭게 정립해나갔으면 한다. 아크로바틱 플라이트가 아니라 '스페셜 플라이트Special Flight'로 말이다. 다시 한 번 강조하자면 블랙이글스의 에어쇼는 곡예비행이 아니라 특수비행이다.

성공 법칙 23
블랙이글스 팀원들처럼 자신이 하는 일을 명확하게 규정하라!

성공하는 사람들은 자신의 아이덴티티를 명확하게 설정한 사람들이다. 나는 누구이며, 왜 이것을 하려고 하는가? 그리고 이를 통해 내가 최종적으로 얻고자 하는 것은 무엇인가? 그러니 성공을 원한다면 이런 원초적인 문제에 대한 자신의 생각부터 제대로 정립하고 일을 시작해라!

24. 탈피

　성장하기 위해서는 반드시 허물을 벗어야 하는 생물이 있다. 새우, 가재, 잠자리, 매미, 뱀 등이 거기에 속한다. 그런데 그들은 허물을 벗는 그 순간이 제일 위험하다. 움직일 수 없는데다 허물을 벗은 직후엔 몸이 부드러워 포식자들의 공격에 가장 취약하기 때문이다. 따라서 그들은 포식자들의 눈을 피할 수 있는 은밀한 곳에서 탈피를 시도한다. 자연계에서 탈피가 주는 교훈은 "위험하더라도 그것을 극복해야만 생존할 수 있다"라는 단순한 진리다.

까다로운 절차

　전투조종사가 블랙이글스 조종사로 임무 전환을 하기 위해선 하등 동물의 탈피보다 수천 배 더 어렵고 힘든 탈피 과정을 마쳐야 한다. 얼마 전 혹독한 탈피 과정을 수료하고 정식 특수비행자격을 취득한 강성현 대위와 경진호 대위를 만났다. 공군사관학교 53기 동기생인 두 사람은 각각 블랙이글스의 6번기 싱크로와 8번기 솔로 역할을 맡고 있다.

강 대위에게 블랙이글스 조종사의 선발 과정에 대해 기존 책자에 있는 내용보다 좀 더 자세하게 설명해달라고 주문했다.

"블랙이글스 조종사는 공식 채널과 비공식 채널을 함께 활용해서 선발합니다. 각 공군기지에다 블랙이글스 조종사의 선발 계획을 자세하게 공지한 다음, 지원자를 공개적으로 받는 게 공식 채널입니다. 그리고 기존 블랙이글스 조종사들은 지원자들의 비행 기량, 개인 성향이나 인품 등을 보다 구체적으로 파악하기 위해 자신들의 인맥을 비롯한 비공식적인 채널을 최대한 활용합니다.

또 지원자들의 원서 접수가 종료되면 전체 블랙이글스 조종사들이 모인 자리에서 전화 인터뷰를 실시합니다. 이때는 사전에 배포한 질문지를 토대로 깊이 있는 질의와 응답이 오갑니다. 전화 인터뷰를 마친 후, 지원서에 적혀 있는 각종 기록들과 인터뷰 내용에 대한 내부 검토를 통해 최종 후보자를 선발합니다. 그리고 공군작전사령부에 승인을 요청하는데, 특별한 문제가 없는 한 블랙이글스 조종사로 공식 발령을 내줍니다.

그런데 블랙이글스 조종사가 되려면 기회와 조건이 딱 맞아떨어져야 합니다. 우선 자신이 소속된 전투비행대대에서 허락을 받아야 합니다. 그렇지 않으면 블랙이글스 조종사가 될 수 없습니다.

또 비행교관으로 근무 중인 전투조종사는 반드시 2년 이상 근무를 해야만 블랙이글스 조종사에 공모할 수 있습니다. 게다가 기수 제한이 있어서 1기수에 많아야 2명 이내로 한정하고, 기존 블랙이글스 조종사 전원의 동의를 받아야만 블랙이글스 훈련조종사가 될 수 있습니다."

철저한 도제식 교육

블랙이글스 조종사가 되었다고 해서 곧바로 에어쇼를 할 수 있는 게 아니다. 아직 특수비행자격이 없기 때문이다. 신참 블랙이글스 조종사는 '훈련조종사'로서 5~6개월 동안 피나는 탈피 과정을 밟으며 특수비행자격을 취득해야 한다. 비행 훈련은 철저한 도제식 교육으로 이루어진다. 기존 블랙이글스 조종사가 장인이고 훈련조종사는 견습생인 셈이다.

그들의 비행 훈련은 에어쇼 비수기인 11월 초부터 익년 3월 말까지 집중적으로 이루어진다. 에어쇼 시즌인 4월부터 10월 말까지는 블랙이글스 조종사가 훈련조종사를 교육할 만한 여유가 없다. 강대위한테서 혹독했던 훈련조종사 시절의 이야기를 들어봤다.

"특수비행자격을 따려면 총 45회의 사전 비행 훈련을 이수해야 합니다. 처음엔 에어쇼의 감각을 익혀보라며 T-50B 후방 조종석

| 블랙이글스 훈련조종사가 비행 훈련을 위해 조종석에 탑승하고 있다.

에 태웁니다. 첫 비행을 마친 후, 이글루로 들어오는 지상 활주로 (일명 택시웨이)에서 8명의 선배 조종사들이 저에게 축하와 격려 말씀을 해주셨습니다. 가슴이 뭉클했습니다. 이어 3번기와 제가 앞으로 탑승할 6번기가 2기 기동을 하며 특수비행의 기본을 익히는 훈련을 했습니다. 6번기 전방 조종석은 훈련조종사인 제가 앉았고 후방 조종석에는 그동안 6번기를 조종해 온 심규용 소령이 교관조종사로 앉아서 섬세하게 지도해주셨습니다. 이런 가르침은 제가 훈련조종사 딱지를 뗄 때까지 계속되었습니다.

  2기 기동은 1.5~3m 사이로 밀착 비행하는 훈련이었는데 처음엔 무척 두려웠습니다. 전투비행대대에서 그런 훈련을 받아보지 않았기 때문입니다. 잠시 동안 "괜히 온 것 같다"는 후회도 들었습니다. 2기 기동 훈련을 10차례 하자마자 비행대대장께서 1번기, 3번기,

6번기가 함께 비행하는 3기 기동 훈련을 주문하셨습니다. 8자 기동, 롤 기동, 루프 기동을 엄청 많이 연습했습니다. 그 와중에도 싱크로 역할을 맡은 5번기의 고대협 소령은 저와 한 조가 되어 위험하고 정교한 싱크로 공중 기동을 반복적으로 훈련해주셨습니다. 어느 정도 블랙이글스에 적응하면서 처음에 느낀 후회는 "이제 참 잘 온 것 같다"는 자긍심으로 변해갔습니다.

이어 훈련조종사의 마지막 단계인 5기(1, 5, 6, 7, 8번기) 및 6기(1, 2, 3, 4, 6, 8번기) 기본 편대 및 대형 변경 훈련과 8기 전체 기동 훈련을 강도 높게 함으로써 총 45회의 사전 비행 훈련을 이수하고 특수비행자격을 취득했습니다. 혹독한 시련기를 뒤돌아볼 때, 잊을 수 없는 것은 블랙이글스의 선배 조종사들이 저에게 1번기부터 8번기까지 후방 조종석에 태워주며 무언으로 동료 조종사들의 입장과 진정한 팀워크 정신을 가르쳐 준 일입니다. 그것은 저의 짧은 비행 인생 중에서 가장 값진 경험이자 행운이었다고 생각합니다. 저도 훗날 후배 조종사에게 그 정신을 가르쳐주고 블랙이글스를 떠날 수 있었으면 좋겠습니다."

조인-업

경 대위에게는 블랙이글스 조종사를 지원한 동기가 무엇인지 물어봤다. 그는 유쾌하게 대답했다. "고등학교 3학년 시절, 공군사관학교 생도들이 모교 홍보를 위해 왔는데 푸른색 제복 위에 망토를 걸치고 있었습니다. 그 모습에 홀딱 반해 공군사관학교를 지원했습니다. 또 공군사관학교를 졸업하던 날, 선배 블랙이글스 조종사들이 A-37B로 졸업 축하 비행을 펼쳐 주셨습니다. 그날 저는 블랙이글스 조종사가 꼭 되겠다는 꿈을 꾸었습니다. 그리고 마침내 이 자리에 섰습니다. '꿈은 그것을 꾸는 자의 몫이다'라고 생각합니다."

또 전투조종사와 블랙이글스 조종사 간에 미묘한 차이가 없는지도 물어봤다. "처음 블랙이글스에 와서는 좀 불안하고 걱정이 많았습니다. 편대 비행의 간격이 너무 가까워서 공중 충돌을 하는 게 아닌가라는 공포가 한동안 엄습했습니다. 그것을 극복하는 데 시간이 필요했습니다. 또 전투조종사와 블랙이글스 조종사의 가장 큰 차이는 오직 하나, 비행 자체를 아름답고 보기 좋게 해야 한다는 것입니다. 무척 부담스런 일입니다. 블랙이글스 조종사들은 조인-업(join-up, 공중 집합)이 완벽해야 합니다. 다른 조종사들보다 늦거나 빠르게 비행하면 저로 인해 멋진 그림이 망가질 수 있다는 게 가장 부담스럽습니다. 그런 점에서 저의 탈피는 아직도 진행형입니다. 열심히 하겠습니다."

그는 블랙이글스의 독특한 문화에 대해서도 한마디 했다. "블랙이글스의 문화는 한 마디로 자율과 책임입니다. 비행 군기는 매우 엄격하지만 그 이외에는 최대한의 자율이 보장됩니다. 전대장님이나 대대장님도 저희 조종사들을 '프로'로 인정해주고 믿어주십니다. 그 때문에 저희들도 더 잘하려고 많은 노력을 합니다. 자율적으로 다른 나라 특수비행팀들의 공중 기동을 학습하고 에어쇼를 대비한 아이디어 전략 회의도 자주 합니다. 이 또한 한 단계 진화된 에어쇼를 위해 탈피를 시도하는 모습일 겁니다. 저는 개인적으로 이런 블랙이글스 문화가 맘에 듭니다. 그래서 블랙이글스 팀원임을 자랑스럽게 생각하며 오늘 오전에도 하늘을 힘차게 날고 귀환했습니다." 산소마스크 자국이 선명한 얼굴로 하얀 이를 드러내며 웃는 그에게서 블랙이글스의 밝은 내일을 그려볼 수 있었다.

성공 법칙 24
블랙이글스 팀원들처럼 일신우일신을 하라!

성공하는 사람들은 어제와 명확하게 다른 오늘을 개척하기 위해 최선을 다한다. 성공을 원한다면 일신우일신의 자세로 매일 같이 진화하고 탈피하는 과정을 즐길 수 있어야 한다. 만약 오늘 저녁 어제와 다른 것이 발견되지 않았다면, 그 사람에게 있어서 오늘은 죽은 하루였음을 기억하라!

25. 혼

영혼이란, 육체에 깃들어 마음의 작용을 맡고 생명을 부여한다고 여겨지는 비물질적인 실체를 뜻한다. 여기서 '영靈'은 하느님과의 관계에서만 이루어지는 세계로서 하느님의 부름에 반응하고 응답하는 영역에 해당된다. 또 '혼魂'은 마음, 생명, 목숨과 같은 인간의 비물질적인 자아로서 이해관계를 떠나 자신이 맡은 일에 목숨을 걸 정도로 최선을 다하는 자세를 일컫는다.

혼의 개념을 언급한 이유는 항공기에 새 생명을 불어넣는 정비사들의 이야기를 들려주기 위해서다. 정비사는 항공기가 비행 임무를 완수할 수 있도록 지상에서 기체 정비를 담당하는 사람들이다. 한때는 조종사와 정비사를 껄끄러운 관계로 바라보던 때도 있었다. 그러나 지금은 그들 간에 공동 운명체라는 인식이 자리 잡고 있다.

그동안 T-50B의 정비 현장을 여러 차례 둘러보며 정비사들과 많은 대화를 나눠보았다. 블랙이글스 정비팀의 슬로건은 '동심동사同心同事 동고동락同苦同樂'이다. 이는 "한 마음 한 뜻으로 일하며 어려움과 기쁨을 함께 나누자"는 뜻이다. 또 그들은 T-50B를 마음으로 정비한다고 했다. 처음엔 그 의미가 쉽게 와 닿지 않았다. 그러나 2012년 영국 에어쇼 때의 이야기를 들으면서 그것을 정확하게 이해할 수 있었다.

퍼팩트

에어쇼가 펼쳐지는 영국의 리밍, 페어포드, 판버러 기지는 주변 환경이 자연친화적이어서 거미를 비롯한 각종 벌레들이 무척 많다. 그 벌레들이 조종석이나 항공기 내부에 들어가면 조종 장애나 기체 결함을 유발할 수 있기 때문에 블랙이글스 정비사들은 비행이 끝난 다음에는 T-50B의 작은 틈새까지 테이핑을 했다. 비가 왔을 때도 빗물이 항공기에 스며들지 않도록 꼼꼼하게 테이핑을 했다. 그것을 지켜본 영국의 공군기지 관리자들은 블랙이글스 정비사들을 향해 엄지손가락을 치켜세우며 "당신들의 정비 지원은 퍼팩트하다"라고 극찬했다.

또 영국 에어쇼에서는 비행 전에 T-50B의 성능 점검을 위한 런업*이 필수였다. 그런데 이글루 안에서 런업을 하는 것은 금지되

---

* 런업(Run-Up)은 비행 전에 기체의 이상 유무를 확인하기 위한 시동 점검을 의미한다.

었기 때문에 노천 주기장에서 할 수밖에 없었다. 그러나 주기장 주변이 아주 깨끗하고 생태 환경마저 잘 갖춰져 있어서 런업을 하는 것이 매우 조심스러웠다. 자칫 잘못했다가는 대한민국과 공군의 이미지가 비호감으로 실추될 수 있었기 때문이다. 블랙이글스는 리밍 기지에 피해를 주지 않으려고 많은 애를 썼다. 2012년 영국 에어쇼가 끝난 후, 리밍 기지 측은 블랙이글스에게 "T-50B의 주기장을 아주 깨끗하게 사용해줘서 고맙다"는 감사 인사를 전해왔다.

나를 밟고 가라!

또 판버러 기지에서는 이런 일이 있었다. 블랙이글스는 T-50B의 단기 기동을 위해 고 노세권 중령, 정민철 소령, 홍순홍 소령, 국중국 준위를 비롯한 6명의 정비팀을 판버러 에어쇼에 파견했다. 정민철 소령의 첫 번째 비행이 끝나고 노세권 중령의 비행시간이 다가오는데도 판버러 기지 측은 항공유를 보급해주지 않았다. 요청을 하면 그때마다 "지금 대한민국을 전담하는 요원이 바쁘니까 30~40분만 기다려 달라"는 말만 되풀이 했다. 이미 3차례나 간곡하게 부탁했지만 항공유를 보급해줄 전담 요원은 깜깜무소식이었다.

때마침 우리보다 늦게 비행을 마친 러시아 항공기에는 2차 비행을 위한 연료 주입이 한창 이루어지고 있었다. 국중국 준위는 그들에게 다가가서 "대한민국의 T-50B에도 항공유를 넣어 달라"고 요청했다. 그러자 그들은 대한민국은 자기 담당이 아니기 때문에 항공유를 넣어줄 수 없다면서 자리를 뜨려고 했다. 그때였다. 국 준위가 갑자기 "정지! 정지!"를 외치며 연료차 앞으로 달려 나가 길바닥에 드러누웠다. 당황한 연료차 운전기사가 차에서 내려와 국 준위에게 욕설을 퍼부으며 고함을 질렀다. 국 준위는 그 말에도 아랑곳하지 않고 "연료를 보급해주든지 아니면 나를 밟고 지나가든지 네 맘대로 하라"며 버텼다.

그 운전기사는 어딘가로 전화를 하더니 국 준위에게 다가와서 "연료를 넣어 줄 테니 빨리 일어나라"고 하면서 "당신 같은 사람은 처음 본다. 당신 이름이 뭐냐? 만약 내가 밟고 가면 어쩌려고 그렇게 하냐?"라며 화를 냈다. 국 준위는 그에게 감사 표시를 하며 "블랙이글스의 비행 시간이 코앞에 있는데도 30~40분을 기다리라고 하니 이게 말이 되냐? 항공유 보급을 받지 못하면 대한민국은 T-50B의 단기 기동을 포기해야 한다. 머나 먼 영국까지 왔는데 그렇게 할 순 없다. 그래서 내가 과격한 행동을 한 것이니 이해해 달라"며 정중하게 사과했다. 그러자 그는 "알겠다. 당신이 최고다. 다음부터는 그러지 마라"고 웃으면서 T-50B에 연료를 가득 넣어주고 유유히 사라졌다.

마음으로 하는 정비

영국 에어쇼 때는 비가 무척 자주 내렸다. 당연히 노천 주기장에 정렬해 있는 9대의 T-50B를 점검해야 할 정비사로서는 그 비를 맞으면서 묵묵히 정비 업무에 최선을 다할 수밖에 없었다. 날이 개자마자 곧바로 모든 정비사들이 9대의 T-50B에 달라붙어 기체에 묻은 기름때와 물기를 제거하고 조종석의 유리까지 깨끗하게 닦아냈다. 비행 전에도 그렇게 했고, 비행 후에도 그렇게 했다. 때문에 우리 T-50B는 항상 깨끗하고 기체의 하얀, 노랑, 검정색이 더욱 더 선명하게 빛났다. 그 모습을 물끄러미 지켜본 영국, 이탈리아, 사우디아라비아, 러시아 정비사들이 블랙이글스 정비사들에게 다가와서 인사를 건네며 엄지손가락을 치켜세웠다. 그때마다 정비팀원들은 마음속으로 이렇게 외쳤다고 한다. "너희들 잘 봐둬라. 이렇게 하는 게 바로 마음으로 정비하는 것이다"

어느 정비책임관의 죽음

호사다마好事多魔라고 했던가? 2012년 영국 에어쇼를 제패하고 돌아온 블랙이글스에 국내외 찬사가 집중되던 2012년 11월 15일 오전, 비행 훈련에 나섰던 블랙이글스 조종사 김완희 소령(추서 계급)이 산화했다. T-50B 추락 사고의 1차 원인은 정비사였던 B중사가 피치 조종 계통의 차단선을 뽑지 않은 게 문제였다. 그로부터 12일 후, 블랙이글스 정비책임관 김성식 준위가 스스로 목숨을 끊었다. 당시 정비중대장이었던 이우영 대위에 따르면 김 준위는 작은 실수도 용납하지 않은 완벽주의자였다고 한다. 그는 부하 정비사의 실수로 최정예 조종사를 잃게 된 현실을 받아들이기 힘들었을 것이다.

동료 정비사들에 따르면, 그는 품행이 바르고 성품이 온화해서 따르는 부하들이 많았고 후배 정비사들에게 기술 지도와 조언도 많이 해주었다고 한다. 그런 그가 T-50B의 추락 사고로 정비 달인의 마지막 자존심이 무너지자 모든 책임을 떠안고 죽음을 선택한 것으로 보인다. 국방부는 그의 책임 정신을 높이 평가하고, 그가 대전 국립현충원 장교 제4묘역(묘비번호 11877번)에서 안식을 취할 수 있도록 배려해주었다.

익명을 전제로, 어느 고참 정비사가 이런 말을 했다. "당시 사고는 피치 계통의 차단선을 뽑지 않은 B중사의 실수가 주된 이유였습니다. 하지만 문제는 KAI 측에서 만든 정비 교범에도 피치 계통과 차단선의 관계가 자세하게 언급되어 있지 않았다는 점입니다. 정비 작업 후와 비행 전 런업 점검 중 자기진단점검BIT Check을 할 때 차단선이 잘못된 것을 항공기가 인지하여 'No Go'를 시현해야 되는데 'Go'를 시현한 겁니다. 이는 T-50B의 각 계통에 아무런 이상이 없고 안전하다는 비행 가능 상태를 말하며 그것을 믿고 이륙한 것인데, 안타깝게도 항공기 추락 사고로 이어진 것입니다. 정비사의 작은 실수까지도 사전에 포착해서 완벽하게 걸러낼 수 있는 정비 교범과 그에 따른 안전 관리 시스템의 구축이 얼마나 중요한 것인가를 가르쳐준 사고였다고 봅니다. 정비 인생 30여 년을 살아오면서 그때만큼 부끄럽고 참담했던 때도 없습니다. 친구 김 준위와 친동생처럼 살갑게 대했던 김 소령을 눈물로 떠나보낸 그날의 아픔은 이 세상을 떠나는 날까지 제 가슴 속에 커다란 회한으로 남아있을 것 같습니다."

성공 법칙 25
블랙이글스 팀원들처럼 영혼이 있는 승부를 즐겨라!

당신은 누구를 위해 연탄불 같은 존재가 된 적이 있는가? 자신을 태워 남을 따뜻하게 밝혀줄 수 있는 사람이 성공할 가능성이 높은 사람이다. 또 그런 사람들은 대체로 "영혼이 있는 승부"를 즐긴다. 디지털 사회는 감성이 위력을 발휘하는 시대다. 그러니 탁월한 감성지수로 많은 사람들의 메마른 가슴에 감동의 물결이 일게 하라!

26. 안전

블랙이글스 조종사 심규용 소령이 쓴 시가 우리의 가슴을 뭉클하게 한다. 그는 활동 폭이 크고 고난이도 비행을 많이 해야 하는 블랙이글스 5번기를 조종하며 싱크로의 리더 역할을 맡고 있다. 이 시는 추락 사고로 산화한 고 김완희 소령을 생각하며 지은 시로 그와 인터뷰를 했을 때, 한번 읽어봐 달라며 수줍게 건네준 것이다.

조종사로서의 삶.
바로 엊그제 동료를 잃고도
우리들은 놀라울 정도로
다시 아무렇지도 않게
비행을 하기 위해 조종석에 앉겠지.

누군가 그러더군

매일 아침마다 사랑하는 아내와 아이들에게
마지막이 될 지도 모르는 인사를 하지만
애써 태연한 척, 한 번 더 돌아보고 싶은 마음을
참으며 발걸음을 옮긴다고
너도 그랬겠지 그날 아침 여느 날과 같이
무사히 돌아오겠노라 다짐하며 평소와 다름없이

조종석 앞 얇은 캐노피를 통해
죽음이라는 존재가 파고들지 않기를 바라며
마지막 정비 Form에 싸인을 정성스럽게 하는 마음
오늘도 죽음과의 확률게임에 지지 않겠다고 다짐하며
아름답지만 차갑고 냉정한 하늘에
커다란 불기둥이 달린 의자에 홀로 앉아서
다시 바퀴가 안전하게 땅에 닿을 때까지
최선을 다하는 삶.

그날 너도 그랬겠지
그게 우리의 삶이니까
그런데 완희야, 오늘은 조금 슬프다.

이 시를 보면 공군 조종사의 일상이 늘 죽음의 위험과 대면한다는 것을 알 수 있다. 또 안전에 대한 그들의 마음가짐까지 읽을 수 있다. 실제로 공군 조종사의 삶은 일반인과 무척 다르다. 그들은 "날아다니는 것은 모두 신성하다"라고 생각한다. 그래서 벌, 나비, 잠자리는 물론 집안의 파리도 죽이지 않는다. 그냥 내쫓을 뿐이다. 그들은 일상 대화에서도 "떨어진다"라는 말을 하지 않는다. 말이 씨가 된다는 생각에서다.

비행을 앞두고는 부부싸움도 하지 않는다. 또 가족의 꿈자리가 안 좋으면 비행대대장에게 직접 전화를 걸어 남편의 비행 취소를 건의할 수 있다. 또 비행 전에는 반드시 8시간 이상의 취침을 해야 하기 때문에 심야 TV 시청이나 독서도 불가능하다.

공군처럼 해라!

세월호 참사가 일어난 후, 정부는 국민 안전에 제대로 대처하지 못했다는 판단에서 국가안전처를 신설했다. 안전의 요체는 조직 신설과 같은 하드웨어 측면보다 실천 가능한 안전매뉴얼을 만들고 그것을 지키려고 노력하는 조직 구성원의 마음가짐이다. 정말로 안전한 나라를 만들려면 우리 사회가 공군의 안전 문화를 통째로 이식했으면 하는 바람이다. 이는 공군이 세계적 수준의 안전관리 시스템을 갖추고 있는데다 전 공군인이 그것을 지키기 위해

| 블랙이글스의 6번기 조종사 강성현 대위가 정비 기록 작업부에 서명하고 있다.

최선을 다하고 있기 때문이다. 특히 항공 사고 제로화를 목표로 활발한 활동을 전개하고 있는 '항공안전단'은 우리 사회에 시사하는 바가 자못 크다.

현재 공군이 운용 중인 F-5E/F와 F-4E 전투기는 생산된 지 40년이 지났다. 주력전투기로 영공 수호에 임하는 KF-16 전투기도 출고된 지 30년 가까이 되었고, F-15K와 FA-50 전투기가 신형 전투기에 속한다. 물론 F-5E/F와 F-4E 전투기도 지속적인 성능 개량 사업이 진행되어 비행 임무 수행에는 지장이 없지만, 완벽한 영공 방위 임무를 수행하기 위해서는 하루 빨리 퇴역시켜야 할 노후 기종이다.

그럼에도 불구하고 국제 비교가 가능한 F-16 계열 전투기의 경우 10만 시간당 평균 사고 발생률은 4.38건인데 반해, 우리 공군은 2.26건으로 절반 수준이다. F-4E 전투기는 전 세계에서 우리 공군만 실전에 운용하고 있다. 그것이 가능한 것은 안전 매뉴얼을 철저하게 지키는 준법 정신과 공군 정비사들의 숭고한 장인 정신 때문이다.

공군 정비사는 오전 9시에 출근해서 오후 6시 정각에 칼 퇴근을 하는 '9TO6법칙'과 무관한 삶을 살고 있다. 그들의 하루 일과는 자신이 정비하는 전투기의 비행 스케줄에 맞춰져 있다. 그들은 전투기의 비행 임무가 시작되기 2시간 전까지 무조건 이글루로 출근해야 한다. 첫 비행이 오전 6시이면, 그들의 출근 시간은 새벽 4시다. 출근 후 1시간 30분 동안 항공기 정비 매뉴얼에 규정된 100여 개 항목에 대한 기체 점검을 완벽하게 마쳐야 한다. 이때 정비사들 간의 크로스 체크는 필수다.

비행 30분 전, 조종사가 비행 장구를 착용하고 이글루에 도착한다. 조종사는 정비사와 인사를 나눈 후, 점검 매뉴얼에 따라 기체 외관을 주의 깊게 살핀다. T-50B는 생산된 지, 얼마 지나지 않았기 때문에 조종사들의 외관 점검 항목은 30여 개로 다른 전투기들에 비해 적은 편이다.

그리고 문제가 없다고 판단되면 조종사는 정비 기록 작업부에 직접 서명하고 전투기에 탑승해서 시동을 건다. 이때부터 조종사와 정비사는 전투기 엔진의 굉음 속에서 헤드셋을 통해 상호 교신하며 엔진, 연료, 조종면, 기체 제어 및 유압 시스템 계통에 대해 일일이 체크한다. 모든 게 정상 작동되면 "올 클리어all clear"를 외친다. 올 클리어는 모든 게 정상적으로 작동되며 아무런 문제가 없다는 신호다.

이제 전투기는 이글루를 빠져나와 이륙 전 마지막으로 기체를 점검하는 지역인 '라스트 찬스 에어리어Last Chance Area'로 이동한다. 그곳에서 별도의 정비사들로부터 12분 동안 12개 항목에 대해 최종 점검을 받는다. 이상이 없으면 선임 정비사는 전투조종사를 향해 엄지손가락을 치켜든다. "완벽하다"는 그들만의 신호다. 전투조종사도 같은 방식으로 화답한다. 이번에는 "고맙다"는 의미다. 최종 기회 점검을 마치고 출발 대기선에 정렬한 전투기는 관제탑의 이륙 허가가 떨어지자마자 순식간에 대지를 박차고 3차원 공간으로 치솟는다.

공군은 국방 예산이 제약돼 있기 때문에 전투기 1대에 여러 명의 조종사를 배정하는 형태로 운영하고 있다. 보통 전투비행대대에는 20여 대의 전투기가 배속되어 있다. 그런데 비행대대장은 20여 대의 전투기를 성능 및 특성에 따라 알파급(A급), 브라보급(B급), 찰리급(C급)으로 구분한다. 그리고 신참 조종사들에게는 제일 좋은 알파급 전투기를, 요기급 조종사들에게는 그 다음의 브라보급 전투기를, 편대장과 교관급 조종사들에게는 찰리급 전투기를 배정한다. 이런 방식 또한 항공기 사고를 막기 위한 공군 특유의 안전 관리 비법이다.

특권

한편, 블랙이글스 조종사들은 자신의 고유 넘버가 새겨진 T-50B를 한 대씩 배정 받는다. 이는 엄청난 특권으로서 일선 전투비행대대 조종사들의 부러움을 사는 부분이다. 따라서 블랙이글스는 T-50B를 알파, 브라보, 찰리로 나누는 방식으로 운용할 필요가 없다. 그들은 모두 조종 기술이 탁월한 최정예 조종사들이기 때문이다.

또 블랙이글스는 정비사들도 조종사들처럼 자신이 정비할 T-50B가 고정되어 있다. 즉 정비기장 1명과 정비사 2명이 T-50B의 고유 넘버마다 배정되어 있다. 이는 T-50B의 정비에 대한 책임감과 자긍심을 갖게 하기 위함이다. 그러다보니 해당 조종사와 정비사들은 한솥밥을 먹는 친형제처럼 호형호제하면서 끈끈한 전우애와 강한 팀워크를 발휘하며 생활한다. 이 또한 항공기 사고를 예방하는 데 크게 기여한다.

성공 법칙 26
블랙이글스 팀원들처럼 안전 전문가가 되기 위해 노력하라!

안전 산업은 미래에 각광받을 수 있는 대표적 산업이다. 청년 고용의 장이자 부가가치 창출을 선도할 대표적 산업도 안전 산업일 가능성이 높다. 성공을 원한다면 시대의 트렌드를 읽을 줄 아는 안목을 지녀야 한다. 따라서 안전 문제에 대해 관심을 갖고 이 분야의 최고 전문가가 되기 위해 노력해보라. 안전 분야는 그야말로 블루오션의 영역이다.

27. TPO

'TPO'는 시간Time, 장소Place, 경우Occasion의 약자로서 주로 의류 업계에서 자주 쓰이는 마케팅 전문 용어다. 다시 말해 때와 장소, 경우에 따라서 옷차림을 다르게 할 수 있도록 다양한 상품과 디자인을 개발해서 고객에게 접근하는 전략을 설명할 때 자주 사용되는 개념이다.

TPO는 블랙이글스를 설명하는 데도 적합한 용어다. 블랙이글스도 '에어쇼'라는 지상 최고의 서비스를 생산해서 국민과 세계인들에게 제공하는 사람들이기 때문이다. 다만 블랙이글스가 일반 기업들과 다른 점은 서비스 제공에 대한 대가를 받지 않는다는 사실이다. 블랙이글스의 에어쇼가 안전한 가운데 천상의 종합 예술로 꽃피우기 위해서는 반드시 시간, 장소, 경우로 명명되는 TPO 조건을 충족시켜야 한다.

Time

　에어쇼도 때가 중요하다. 국민들이 에어쇼를 보고 싶다고 해서 아무 때나 할 수 있는 게 아니다. 에어쇼 시즌은 매년 4월 초부터 10월 말까지다. 11월부터 익년도 3월 말까지는 에어쇼를 하지 않는다. 이 시기는 에어쇼의 비수기로서 블랙이글스 조종사들은 새로운 공중 기동 개발과 비행 훈련에 전념한다. 또 블랙이글스로 전입해온 훈련조종사의 특수비행자격 취득을 돕기 위한 교육 훈련도 이 시기에 집중적으로 이루어진다.

　에어쇼는 낮 시간대에 8대의 T-50B가 그려내는 멋진 모습을 관람할 때 의미가 있다. 저녁이나 한밤중에는 하늘을 나는 T-50B를 쳐다볼 수 없다. 따라서 일몰 이후에는 에어쇼를 하지 않는다. 게다가 에어쇼는 관람객이 많아야 제 맛이 난다. 그래서 에어쇼 주최 측은 주로 토요일과 일요일 날에 에어쇼를 계획한다. 그 때문에 블랙이글스 조종사와 정비사의 가족들은 남편과 아빠 없는 주말과 주일을 보낼 수밖에 없다.

Place

　에어쇼를 펼칠 장소 역시 매우 중요하다. 블랙이글스 조종사들

| 에어쇼 공역을 날며 항공기 체크를 하는 8대의 T-50B.

 이 에어쇼를 펼칠 수 있는 공역(비행 구역)은 높이 3km, 직경 9km의 원통형 공간이다. 그 안에서 모든 에어쇼를 안전하게 마쳐야 한다. 어떤 경우에는 공항이나 기지 주변의 지형적 특성으로 기본 공역마저 제대로 확보되지 못할 때도 있다. 대표적인 예가 2014년 싱가포르 에어쇼였다. 공역이 작은 경우에는 블랙이글스 조종사들이 쉴 타임을 갖지 못하고 좁은 각도로 계속해서 선회 비행을 해야 하기 때문에 그만큼 중력가속도에 더 노출될 수밖에 없다. 이때 조종사들이 겪는 육체적 고통은 우리의 상상을 초월한다. 그들은 탈수기 속의 빨랫감에 비유해서 자신들의 고통을 설명한다. "비행을 마치고 나면 마치 탈수기한테 물기란 물기를 모조리 빼앗겨버린 세탁물처럼 느껴집니다."
 에어쇼를 펼칠 주변 공간도 중요한 고려 대상이다. 가장 좋은 에

어쇼 장소는 바닷가의 하늘처럼 아무런 장애물이 없는 곳이다. 높은 산과 깊은 계곡이 연속적으로 펼쳐진 곳, 거대한 풍력발전기나 높이 솟은 송전탑이 설치되어 있는 곳의 주변 상공은 에어쇼 장소로서 부적합하다. 비행 안전을 위협하기 때문이다. 또 사람들이 밀집해서 살고 있는 도시 상공도 에어쇼 금지 구역이다. 혹시라도 있을지 모르는 항공기 추락 시 민간인 피해가 우려되는 데다 에어쇼에 따른 소음 민원도 제기될 수 있기 때문이다.

Occasion

에어쇼의 때와 장소가 결정되었더라도 에어쇼 당일의 기상이 또 다른 변수로 작용한다. 에어쇼는 날씨, 구름의 양, 구름의 높이, 블랙이글스 조종사가 눈으로 바라보며 비행할 수 있는 시정 거리 등에 따라 질적 내용이 결정된다. 즉 블랙이글스의 에어쇼는 크게 하이 쇼, 로우 쇼, 플랫 쇼로 구분된다.

하이 쇼는 블랙이글스의 공중 기동을 가장 잘 관람할 수 있는 에어쇼로서 조종사들의 시정 거리가 최소한 5마일(8km) 이상 보장되는 동시에 구름의 높이가 8,000피트(2,438m) 이상인 경우에 실시된다. 특히 하이 쇼에서는 8대의 T-50B가 하늘 높이 솟구쳐 올랐다가 폭포수처럼 일제히 쏟아져 내려오는 '레인폴Rainfall' 기동이나 5대의 T-50B가 꽈배기처럼 비행하다가 일제히 루프를 시도하는 '롤백 앤 애프터버너Roll Back&After Burner' 기동과 같은 멋진 수직 기동을 감상할 수 있다.

로우 쇼는 시정 거리 5마일 이상, 구름의 높이가 4,000피트(1,219m) 이상인 경우에 실시한다. 구름의 높이 때문에 수직 기동은 할 수 없다. 그 이유는 두 가지다. 하나는 8대의 T-50B가 구름 속에 들어갈 경우 항공기 간에 공중 충돌의 위험이 있기 때문이고, 다른 하나는 구름 속에서 공중 기동을 한다고 해도 관람객들이 그것을 볼 수 없기 때문이다.

플랫 쇼는 시정 거리는 5마일 이상으로 보장되지만 구름의 높이가 4,000피트 이하일 경우에 실시하는 에어쇼다. 모든 수직 기동이 생략되기에 에어쇼의 긴장감은 하이 쇼에 비해 다소 떨어지지만, 블랙이글스 특유의 멋진 수평 기동의 묘미를 만끽할 수 있다.

에어쇼의 절차

에어쇼는 일반적으로 다음과 같은 절차를 밟아서 실시한다. 에어쇼를 희망하는 주체가 공군본부에 신청서를 제출하면 공군 내부에서 엄격한 심사를 거쳐 실시 여부를 결정한다. 공군본부의 허가가 떨어지면 에어쇼 3~4일 전, 8대의 T-50B가 해당 공역 상공을 비행하며 인근 공군기지의 존재 유무, 지형, 기타 위험 요인에 대해서 정밀하게 체크한다. 또 에어쇼 당일 아침 공군 기상대가 보내준 기상 정보를 토대로 블랙이글스 지휘부가 에어쇼를 하이 쇼, 로우 쇼, 플랫 쇼 가운데 어느 것으로 할 것인지 최종 결정한다.

 그리고 8대의 T-50B가 에어쇼 공역에 도착하는 순간, 곧바로 에어쇼에 돌입하는 게 아니다. 비록 3~4일 전에 사전 답사를 마친 상태이지만 당일에도 8대의 T-50B가 이륙해서 에어쇼 공역을 한 바퀴 선회 비행을 하면서 블랙이글스 조종사들 간에 날씨, 구름, 시정 거리는 물론 항공기 상태에 대한 종합 의견을 상호 교환한다. 이때 모든 질문의 주도는 블랙이글스 리더인 팀장이 맡는다. 그리고 별다른 문제가 없다고 판단될 경우, 1번기를 조종하는 블랙이글스 팀장의 '스타트' 신호와 함께 본격적인 에어쇼가 펼쳐진다.

성공 법칙 27
블랙이글스 팀원들처럼 TPO 전략의 1인자가 되라!

TPO 전략은 의류 산업의 마케팅 전략으로 출발했지만 활용 영역은 무궁무진하다. 420여 년 전, 충무공 이순신 장군께서도 TPO 전략을 환상적으로 사용해서 불패 신화를 쌓았다. 그는 왜적과 싸울 때, 장소, 경우를 최적으로 활용해서 자신과 조선 수군이 보유한 함대 전력의 능력을 100% 발휘했다. 그의 불패 신화는 TPO 전략에서 비롯되었다고 해도 과언이 아니다. 우리 청춘들은 이순신처럼, 그리고 블랙이글스 조종사들처럼 TPO 전략을 생활화하라!

28. 4:6:8

공군 특수비행팀의 역사는 1953년 10월 1일로 거슬러 올라간다. 6·25남침전쟁이 끝나고 약 2개월 후에 맞이한 국군의 날을 기념하기 위해 사천기지에서 4대의 F-51D 전투기로 편대 비행과 공대지 공격을 관람객들에게 선보인 것이 특수비행의 효시였다. 이날 특수비행을 선보인 전투조종사는 리더이자 넘버1(#1)인 편대장 김두만 중령(제11대 공군참모총장 역임), 넘버2(#2) 김용만 대위, 넘버3(#3) 이기협 소령, 넘버4(#4) 박희곤 대위였다. F-51D에 의한 특수비행은 1954년 10월 1일까지 계속되었다. 공군은 1956년부터 T-33A 훈련기 4대로 '쇼 플라이트팀Show Flight Team'을 구성해서 1958년까지 매년 국군의 날에 축하 퍼레이드의 일환으로 에어쇼를 펼쳤다.

또 공군은 1959년부터 한 단계 진화된 에어쇼를 국민들에게 선사했다. 그로부터 7년 동안 에어쇼를 위해 동원된 항공기는 T-33A보다 성능이 우수한 4대의 F-86F 전투기였다. 특수비행팀의 이름도 F-86F의 이름인 '세이버Sabre'와 하늘 색깔인 '블루blue'를 결합시켜 '블루세이버blue sabre'라고 명명했다. 에어쇼의 내용도 이전보다 훨씬 정교한 공중 분열과 공중 사격까지 선보이면서 관람객들의 시선을 사로잡았다.

블랙이글스의 탄생

1967년은 공군 역사에 길이 빛날 '블랙이글스'가 탄생한 원년이다. 블랙이글스의 시대가 도래하면서 항공기와 대수에서도 큰 변화가 있었다. 아음속 전투기 F-86F가 초음속 제트기인 F-5A 전투기로 대체되었고 항공기 대수도 4대에서 6대로 늘어났다. 그에 따라 에어쇼 내용도 크게 달라졌다. 스릴과 박진감 넘치는 공중 기동이 가능해진 것이다. 그러나 공군은 1978년 10월에 접어들면서 블랙이글스의 잠정 해체를 단행했다. 북한의 무력 도발 징후가 가중되면서 대비 태세 강화가 긴급 현안 과제로 대두되었기 때문이다.

그 빗장이 풀린 것은 1994년에 들어오면서부터다. 경제 규모가 북한보다 월등히 커지고 공군력 또한 북한을 압도할 만한 수준에 이르자 공군본부는 6대의 A-37B로 최초의 상설 에어쇼팀을 구성하는 일에 박차를 가했다. 당시 김홍래 공군참모총장은 재창설된 블랙이글스를 원주기지 238전투비행대대 2비행대로 소속시킬 것을 지시했다. 그때부터 블랙이글스는 전투 태세를 갖춰야 하는 부담을 떨쳐버리고 에어쇼를 위한 비행 훈련과 전국의 주요 도시를 순회하는 에어쇼에 전념할 수 있었다. 또 특수비행팀 조종사 출신인 이억수 전 공군참모총장께서도 블랙이글스가 제 역할을 다할 수 있도록 항공기를 안전하게 관리하고, 조종사를 선발하고, 제반 규정을 체계적으로 정비하는 일 등에 많은 관심을 갖고 온갖 지원을 아끼지 않았다.

그러나 블랙이글스는 2007년도에 또 다시 해체되는 비운을 겪어야만 했다. 2006년 5월 5일 어린이날 축하 비행을 펼치던 도중, 갑작스런 엔진 정지로 김도현 대위가 산화하자 노후 기종인 A-37B를 가지고 에어쇼를 하는 데 대한 국민 여론이 좋지 않았기 때문이다. 그러나 에어쇼를 향한 블랙이글스의 열정은 조금도 식지 않았다.

공군은 2008년 'T-50 특수비행'을 위한 태스크포스팀(이하 TF팀)을 구성하고 2009년 8월 원주기지에 239특수비행대대를 신설했다. 세계 최초로 8대의 자국산 초음속 항공기 T-50B를 운용하는 에어쇼팀으로 거듭 난 것이다. 다만, 그때까지 T-50B가 생산되지 않았기 때문에 블랙이글스는 기존의 T-50으로 에어쇼를 펼쳐야만 했다. 블랙이글스는 2009년에는 국군의 날 축하 비행, 서울 국제 항공 우주 및 방위 산업 전시회 기념 축하 비행, 2010년도에는 오산기지에서 미 7공군이 주관한 에어 파워 데이, 스페이스 챌

린지 대회, 사천 항공 우주 엑스포, F1 그랑프리 대회 축하 비행을 펼치면서 그 존재감을 드러냈다.

2010년 5월 T-50B 1호기가 239특수비행대대에 처음 인도된 이래 2011년 4월까지 총 10대의 T-50B에 대한 전력화를 완료했다. 그것이 일사천리로 이루어질 수 있었던 것은 당시 김성일 공군참모총장과 참모진들의 철저한 사전 준비와 그런 공군의 노력을 따뜻하게 이해해준 윤광웅 국방부장관과 이상희 합참의장의 적극적인 지원 덕분이다. 블랙이글스 팀원들은 이 과정에서 많은 수고를 아끼지 않았던 정경두 방위산업협력과장(현 합참전략기획본부장)과 정석환 전력소요과장(현 연합사 정보참모부장)을 비롯한 여러 참모진들께 고마운 마음을 간직하고 있다.

또 블랙이글스는 2012년 영국 에어쇼에서 눈부신 활약에 힘입어 2013년 4월, 공군참모총장의 직할부대인 53특수비행전대로 승격되는 영광을 누렸다. 2015년 연말에는 2대의 T-50B가 추가로 블랙이글스에 인도됨으로써 항공기 운용에 숨통이 트일 예정이다. 이는 당시 성일환 공군참모총장의 간곡한 건의를 김관진 국방부장관(현 청와대 안보실장)께서 적극 수용해주었기 때문에 가능했다. 이제 블랙이글스는 총 11대의 T-50B를 운용하면서 세계 초일류 특수비행팀으로 거듭 태어날 것으로 믿어 의심치 않는다.

4:6:8의 차이

앞서 말한 바와 같이 1세대 에어쇼는 4대의 전투기들이 기존의 전투 기동을 일부 변형한 공중 퍼포먼스로 관람객들에게 공군의 존재 의미를 알렸다는 데 커다란 의미가 있다. F-51D, T-33A, F-86F 전투기로 에어쇼를 펼친 시기가 여기에 속한다. 요즘 블랙이글스 관점에서 본다면 1세대 에어쇼는 1번기가 리더, 2번기가 레프트 윙, 3번기는 라이트 윙, 4번기는 슬롯의 역할을 맡으면서 포메이션 기동을 한 게 전부였다.

다만, 항공기의 성능에 따라 에어쇼 내용도 조금씩 달라졌다. F-51D는 공대지 공격, 루프, 롤, 대형 변경 기동을 선보였고, T-33A는 밤 버스트Bomb Burst, 스필트-에스Spilt-s, 스팁 턴Steep

| 2009년 서울 ADEX 에어쇼에서 최초로 선보인 T-50 항공기. T-50B로 전력화하기 이전의 모습.

Turn 기동을 펼쳤다. 항공기 성능이 뛰어났던 F-86F는 여러 단일 기동을 하나로 묶는 복합 기동을 선보였다. 오빌리크 루프 앤 배럴 롤Oblique Loop&Barrel Roll, 하프 루프 앤 디센딩 스필트Half Loop&Descending Spilt, 밤 버스트 앤 크로스 앳 데크Bomb Burst&Cross at Deck 등이 관람객들에게 시현되었다.

 또 이 시기의 특수비행팀은 상설팀이 아니라 '헤쳐 모여'식으로 운영되었다. 국군의 날을 기념하는 축하 비행을 위해 항공기와 전투조종사를 임시로 차출해서 며칠간 합숙 훈련을 실시하고 에어쇼가 끝나면 해당 부대로 복귀하는 식이었다. 따라서 에어쇼 기술이 축적되기 어려웠다. 그러나 에어쇼는 평소 전투기를 가까이서 구경할 수 없었던 당시 사람들에겐 매우 큰 볼거리였다. 당연히 관람객들도 인산인해를 이뤘다.

2세대 에어쇼에서는 '블랙이글스'란 공식 명칭으로 6대의 F-5A, RF-5A, A-37B 항공기가 포메이션 기동과 솔로 기동을 펼쳤다. 6대의 항공기들은 6기 편대 비행을 하며 포메이션 기동을 펼치다가 갑자기 솔로 역할을 맡은 5번기와 6번기가 편대에서 빠져나와 스릴과 박진감이 넘치는 공중 기동을 선보였다. 이로서 2세대의 에어쇼는 1세대의 그것보다 공중 기동의 다양함과 정교함이 한층 더해졌다. 에일러론 롤Aileron Roll, 어브레스트 롤Abreast Roll, 빅토리 패스Victory Pass, 45°클라임 롤45° Climb Roll, 다이아몬드 패스Diamond Pass와 이들을 복합한 고난이도 기동들을 보면서 관람객들은 에어쇼의 묘미에 흠뻑 빠져들었다.

F-5A, RF-5A 전투기로 에어쇼를 하던 시기 또한 '헤쳐 모여'식으로 에어쇼를 전개했다. 다만, 합숙 훈련 기간이 3개월 정도로 길었다는 점이 1세대 에어쇼와 달랐을 뿐이다. 이는 그만큼 공중 기동 자체가 복잡하고 어려웠기 때문에 좀 더 많은 훈련 기간이 필요했다는 반증이다. 그 후 A-37B로 에어쇼를 시작하면서 상설팀으로 발전한 것이다. 블랙이글스 조종사들이 학수고대하던 바람이 이루어진 것이다. 이때부터 공군은 블랙이글스 조종사를 세계 유수의 특수비행팀에 파견해서 그들의 공중 기동을 직접 체험하거나 연구할 수 있도록 지원했다. 또 블랙이글스 내부에서도 우리나라 지형이나 A-37B에 부합하는 공중 기동을 체계적으로 개발해 나가기 시작했다.

3세대 에어쇼는 지금의 블랙이글스가 8대의 T-50B로 펼치는 특수비행을 지칭한다. A-37B 시절에 비해 싱크로 역할을 맡은 2명의 조종사가 추가로 투입됨에 따라 공중 기동 자체가 포메이션 기동(1, 2, 3, 4번기), 싱크로 기동(5, 6번기), 솔로 기동(7, 8번기)으로 한층 다양해졌다. 또 이들을 융합해서 엮어내는 공중 복합 기동은 짜릿한 전율과 함께 인간의 한계가 과연 어디인지에 대한 의문을 자아낼 정도로 환상적이다. 천상의 예술이란 말이 저절로 나오게 만든다. 그러나 현직 블랙이글스 조종사들은 이구동성으로 말한다. 지난 날 F-51D로부터 A-37B 항공기를 조종하면서 에어쇼 불모지를 개척한 선배 조종사들의 눈물겨운 정성과 희생이 바로 오늘의 블랙이글스를 만든 자양분이었다는 사실을 말이다. 따라서 그들이 만들어나갈 에어쇼의 내일이 더욱 더 기대된다.

성공 법칙 28
블랙이글스의 팀원들처럼 인동초의 자세로 역경을 딛고 일어서라!

첫 숟가락에 배부를 수 없는 게 우리네 인생이다. 봄꽃이 아름다운 것은 혹독한 한겨울의 추위를 참고 이겨냈기 때문이다. 따라서 여러분 앞에 들이닥친 현실에 너무 절망하지 마라. "역풍이 불수록 연은 높이 난다"를 사실을 되새기며 자신이 설정한 목표를 향해 뚜벅뚜벅 걸어 나가라. 힘든 때일수록 '인동초'의 의미를 가슴에 새겨라!

29. 사전 지식

세상사는 아는 만큼만 볼 수 있다고 한다. 이는 세상을 이해하려면 나름대로 사전 지식이 필요하다는 이야기다. 블랙이글스의 에어쇼도 예외가 아니다. 에어쇼에 관한 사전 지식이 없으면 몇 마디 환호성과 감탄사를 연발하는 것으로 끝이다. 8명의 블랙이글스 조종사들이 각자 어떤 역할을 맡고 있는지, 조종사들 상호 간에 소통은 어떻게 하는지, 저 공중 기동은 누가 하고, 공중 기동의 명칭은 어떻게 만들어졌는지를 알고 관람하면 에어쇼의 참맛을 느낄 수 있을 것이다. 아주 기본적인 몇 가지만 공부해보자.

넘버별 위치와 역할

우선 블랙이글스 지휘부와 조종사의 넘버별 위치와 역할에 대한 정확한 이해가 필요하다. 53특수비행전대장은 블랙이글스의 최고 지휘관으로서 모든 비행 훈련, 항공기 정비, 홍보, 일반 행정을 총괄하며 대령급 조종사가 맡는다. 블랙이글스 비행대대장은 비행 훈련을 관리 감독하며 에어쇼 현장에서 지상 통제관 역할을 담당한다. 비행 안전과 공중 기동에 대한 각종 조언도 그의 몫이다.

블랙이글스의 1번기는 리더로서 총 8대의 T-50B를 지휘하며 전체 대형을 이끄는 역할을 맡는다. 2번기와 3번기는 각각 레프트 윙과 라이트 윙으로서 리더의 지시에 따라 정밀한 편대 대형 능력을 선보인다. 슬롯slot인 4번기는 1번기의 바로 뒤에서 편대 대형을 유지하며 기동 중에 1번기에 대한 조언, 2번기와 3번기에 대한 편대 대형 수정을 지시한다.

5번기는 싱크로-1의 포지션을 담당하며 6번기인 싱크로-2를 리드한다. 또 5번기는 4기(1~4번기)나 8기(1~8번기) 포메이션 기동에서는 좌측 3열, 6번기는 우측 3열에서 뛰어난 편대 대형 유지 능력을 보여주고 편대에서 분리된 이후에는 파워풀하고 박진감 넘치는 공중 기동을 펼친다.

7번기는 솔로-1의 포지션을 담당하며 8번기인 솔로-2를 리드한다. 7, 8번기는 고도로 숙련된 편대 유지 능력을 바탕으로 포메이션 기동부터 단기 기동에 이르기까지 다양한 기동을 소화하며 에어쇼의 긴장감과 짜릿함을 배가해주는 역할을 맡는다.

참고로 포메이션은 전투기가 비행 임무를 수행하기 위한 기본 단위를 의미한다. 전투기는 2대 이상이 기동할 때, 포메이션 기동

| 블랙이글스의 넘버별 위치를 표시한 패치.

을 한다고 말한다. 그러나 블랙이글스의 포메이션 기동은 1, 2, 3, 4번기를 포함한 4대 이상의 T-50B가 공중 기동을 펼치는 경우를 지칭한다.

영어

에어쇼도 영화나 드라마처럼 대본과 배우가 있는 액션 콘텐츠다. 따라서 에어쇼의 줄거리를 대략적으로 이해하고 있어야만 그것의 묘미를 만끽할 수 있다. 적어도 블랙이글스 조종사들이 펼치는 공중 기동의 명칭 정도는 알고 있어야 내레이션의 이야기가 귀에 쏙쏙 들어오고 에어쇼의 전체적인 연결 기동이 일목요연하게 이해될 수 있다.

문제는 에어쇼의 언어가 영어라는 점이다. 에어쇼의 공중 기동 명칭은 전부 영어로 되어 있다. 이는 에어쇼 선진국들이 영어권 국가인데다 세계인을 상대로 자신들의 공중 기동을 소개하기 위해서 만국의 공통 언어인 '영어'를 사용했기 때문이다. 에어쇼의 글로벌화를 추구하는 블랙이글스도 그런 전통을 따르면서 공중 기동의 한국식 표현을 정립하기 위해 많은 노력을 기울여왔다. 자세한 것은 다음 장에서 다루기로 하고, 여기서는 몇 가지 사항만 간단하게 소개해둔다.

에어쇼의 공중 기동 명칭은 기동의 형태에서 따온 게 의외로 많다. 이를 테면 공중 기동의 모습이 호리병 모양과 비슷하다고 해서 '거드 보틀Gourd Bottle', 거위 모습과 비슷하다고 '구즈Goose', 물건을 자르는 가위와 같다고 해서 '시저 패스Scissor Pass' 기동이라는 이름이 붙여졌다.

어떤 경우는 영어 단어의 뜻과 공중 기동의 형태를 관련지어 이름 붙인 경우도 꽤 많다. 가령 루프는 항공기가 수직으로 원을 그리며 한 바퀴 회전하는 것을 말하고, 롤은 여러 차례 회전하며 날아가는 것을 말한다. 크로스는 2대 이상의 항공기가 교차해서 비행하는 것을 지칭하고, 브레이크는 항공기가 일시에 여러 방향으로 흩어지는 것을 일컫는다. 이런 것을 염두에 두고 공중 기동의 명칭을 살펴본다면 보다 쉽게 이해될 것이다.

Call Sign

에어쇼를 진행하는 동안 블랙이글스 조종사의 개별 이름은 존재하지 않는다. 오로지 콜 사인(호출 부호)만 존재할 따름이다. 블랙이글스 1번기를 조종하는 리더가 동료 조종사를 호출할 때도, 조종사 상호 간에 공중 대화를 시도할 때도 조종사 이름 대신 콜 사인을 사용한다. 가령 6번기 조종사를 호출할 경우, '블랙이글스 넘버 식스(BE#6)'라고 부른다. BE는 블랙이글스, #는 넘버, 6은 6번기 조종사를 의미한다. 그들이 부르는 콜 사인은 언제나 짧고 명확하다. 이는 비행 사고 방지를 위해서도 꼭 필요한 조치다.

블랙이글스 조종사의 이름이 존재감을 갖는 것은 에어쇼를 마치고 지상에서 관람객들과 함께 기념사진을 찍거나 사인을 해줄 때다. 그것 또한 그들만의 전통이다. 오랫동안 콜 사인으로 살아온 탓인지 몰라도 블랙이글스 출신 조종사들은 먼저 "내가 블랙이글스 OB팀원"이라는 이야기를 꺼내지 않는다. 충분히 자랑하고도 남을 만한 일임에도 불구하고 겸손해하는 그들을 바라보면서 블랙이글스의 절제된 매력을 느끼지 않을 수 없다. 내공이 쌓인 사람들만이 할 수 있는 절제와 겸손이 몸에 배어 있기에 사람들이 그들을 더 좋아하는 것인지도 모른다.

성공 법칙 29
블랙이글스 팀원들처럼 사전 지식을 쌓는 데 열중하라!

전문가는 사전 지식이 누적된 결과다. 전문성은 오랫동안 사전 지식을 축적하고 치열하게 내공을 쌓은 결과다. 그러니 자신이 좋아하는 분야에 대한 사전 지식을 쌓는 데 게으르지 마라. 10개의 지식을 가진 사람은 1개의 지식만 알고 있는 사람의 리더이며, 100개의 지식을 가진 사람은 10개의 지식을 알고 있는 사람의 상관임을 잊지 마라!

30. High Show Display

　블랙이글스 에어쇼의 진수는 단연 하이 쇼다. 맑고 청명한 날씨에다 구름까지 방해를 하지 않기에 블랙이글스의 가장 화려한 공중 기동을 마음껏 관람할 수 있기 때문이다. 우리들 인생이 이모작인 것처럼 블랙이글스의 에어쇼도 크게 전반부와 후반부로 나누어 진행한다.

에어쇼 전반부

　에어쇼의 전반부는 8대의 T-50B가 분리 기동을 하지 않고 지속적으로 화려한 대형 변경만 하는 모습을 보여준다. 즉 체인지 루프Change Loop, 체인지 턴Change Turn, 롤, 본 톤 롤Bon Ton Roulle, 레인폴 등 5개의 공중 기동이 전반부에 해당되는 공중 기동이다.

⑴ 체인지 루프는 '수직 원형 기동'으로 8대의 T-50B가 수직으로 큰 원을 그리는 기동을 말한다. 8대의 T-50B는 관중석을 향해 빅 애로우 대형으로 들어와서 펜타penta 대형으로 수직 상승하며 커다란 원을 그린 후 다시 애로우 대형으로 전환하는 포메이션 기동이다.

⑵ 체인지 턴은 '수직 원형 및 수평 선회 기동'으로 8대의 T-50B가 T자 모양의 탱고Tango 대형을 유지하며 수직으로 원을 그린 후, 다이아몬드와 스타 대형을 펼쳐 보이면서 수평 선회를 한다. 그런 다음 이글 대형으로 전환하는 기동이다.

⑶ 롤은 '원형 횡전橫轉 기동'으로서 8대의 T-50B가 쐐기 모양의 대형을 유지한 채, 나란히 비행하면서 원통을 따라 도는 것처럼 자연스럽게 선회하는 기동이다.

⑷ 본 톤 롤은 '편대 동시 횡전 및 방향 전환 수직 원형 기동'으로서 8대의 T-50B가 나란히 날아가다 각자 360도로 터닝한 후 수직으로 상승하며 원통을 따라 도는 것처럼 선회하며 방향 전환을 하는 기동이다. 본 톤 롤과 롤은 8대의 T-50B가 각자 회전하는가, 아니면 8대의 T-50B가 모두 원통을 따라 도는 모양으로 선회하는가에 따라 구분된다.

⑸ 레인 폴은 '수직 강하 분리 기동'으로서 8대의 T-50B가 관중석 앞 상공에서 수직 상승하며 한 차례 원통을 따라 도는 것처럼 선회 비행을 한 후, 수직 강하하면서 8개 방향으로 각자 흩어지는 기동이다. 고도 확보가 충분하지 못했을 경우, 상당히 위험스러운 공중 기동이다.

에어쇼 후반부

에어쇼의 후반부는 레인 폴 기동 이후에 포메이션 4대, 싱크로 2대, 솔로 2대로 구분되어 기동을 하는 것으로 구성된다. 시저 패스, 박스 크로스Box Cross, 트리플 턴Triple Turn, 구즈, 하트 앤 큐피트즈 애로우Heart & Cupid's Arrow, 오키드Orchid, 투 십 하이 어 앤 루프 2 Ship High α & Loop, 롤백 앤 애프터버너 루프, 태극, 거드 보틀, 크로스 브레이크Cross Break, 인버티드 보텀 업 패스Inverted Bottom Up Pass, 에셜론 리뷰, 더블 헬릭스Double Helix, 스네이크 롤즈Snake Rolls, 디징 브레이크Dizzying Break, 트위스트 롤Twist Roll, 막스 머뉴버, 빅토리 브레이크Victory Break 등 19개의 공중 기동 과목이 에어쇼 후반부에 펼쳐진다.

(1) 시저 패스는 '동시 가위 교차 기동'으로서 기동 모습이 흡사 가위와 같다고 해 명명되었다. 이 임무는 5, 6, 7, 8번기 조종사들이 맡는다. 5, 6번기 조종사가 가위 모양으로 교차 비행을 한 후, 원통을 따라 도는 모양으로 선회 비행을 하며 좌우로 빠진다. 7, 8번기 조종사들은 5, 6번기가 교차 비행을 할 때, 수평으로 교차 비행을 하는데 7번기는 T-50B의 배면을, 8번기는 T-50B의 윗면을 보여준다.

(2) 박스 크로스는 '상자 교차 기동'으로서 1, 2, 3, 4번기 조종사가 기동의 실행 주체다. 4대의 T-50B가 관람석을 향해 원형 기동

을 하며 돌진해 들어와서 1, 2번기와 3, 4번기가 교차 비행을 한 후 4개 방향으로 흩어지는 기동이다. 아찔함과 긴장감을 고조해주는 멋진 기동이다.

⑶ 트리플 턴은 '연속 교차 기동'으로서 7, 8번기 조종사가 그 임무를 담당한다. 관중석의 좌우 방향에서 진입한 7, 8번기는 관중석의 정중앙 상공에서 세 차례의 교차 비행을 연속적으로 실시한 후, 처음 진입했던 반대쪽 방향으로 빠져나가는 기동이다.

⑷ 구즈는 '편대 뚫고 솟구치는 기동'이며 임무 항공기는 1, 2, 3, 4, 5, 6번기다. 관중석의 왼쪽 측면에서 1, 2, 3, 4, 6번기가 진입할 때, 5번기가 그 편대 사이를 뚫고 거위의 목처럼 하늘 높이 솟구치는 기동이다. 구즈란 이름도 거기서 따온 것이다.

⑸ 하트 앤 큐피트즈 애로우는 '하트와 사랑의 화살 기동'으로서 관람객들로부터 찬사를 받는 인기 기동이다. 특히 청춘남녀들이 매우 좋아한다. 7, 8번기가 하늘에 하트 문양을 그리면 먼발치 상공에서 대기하고 있던 5번기가 화살처럼 날아가서 하트를 관통하는 장면을 연출한다.

⑹ 오키드는 '난초형 기동'으로서 1, 2, 3, 4, 6번기 조종사가 임무를 맡는다. 얼핏 보면 박스 크로스와 매우 유사하다. 다만, 교차 비행을 하지 않는다는 것이 결정적인 차이다. 오키드는 그들이 산개하는 모습이 마치 한국 춘란의 모습과 매우 비슷한 기동이다.

⑺ 투 십 하이 어 앤 루프는 '저속 성능 시범 기동'으로서 5, 7, 8번기 조종사가 그것을 실행한다. 5, 8번기 T-50B가 저속 비행

을 하며 관중석 상공을 수평 비행을 하는 동안 그 위에서 7번기 T-50B가 고속 질주를 하며 루프를 한 후 방향 전환하는 기동이다. 이 기동의 묘미는 저속 기동과 고속 기동의 언밸런스를 느낄 수 있다는 점이다.

(8) 롤백 앤 애프터버너 루프는 '동시 원형 횡전 위치 교대 및 최대 추력 수직 원형 기동'으로서 1, 2, 3, 4, 6번기가 그 역할을 맡는다. 1번기는 중앙에서 정위치를 지키면서 비행하고 2, 3번기와 4, 6번기가 각각 선회 비행을 하며 2번 교차를 시도한다. 이어 5대의 T-50B로 재결집한 후, 애프터버너를 가동해 얻은 최대 출력으로 루프를 하면서 관중석 좌측으로 빠져나간다.

(9) 태극은 '태극 기동'으로서 7, 8번기 조종사가 임무를 수행한다. 7번기 조종사가 커다란 원을 완성하고, 8번기 조종사가 원 안으로 파고들어 태극 문양을 완성한다. 해외 공연 때, 우리 교포들은 이 태극 기동을 보고 많은 눈물을 흘렸다.

(10) 거드 보틀은 '호리병 기동'으로서 1, 2, 3, 4, 5, 6번기가 임무 항공기다. 관중석 정면 상공에서 1, 2, 3, 4번기와 5, 6번기로 나뉘어져 호리병 모양의 기동을 실시한 후, 서로 교차하며 방향 전환을 하는 기동이다.

(11) 크로스 브레이크는 '교차 비행'으로서 7, 8번기 조종사가 맡는다. 7, 8번기가 관중석 위를 통과하며 전방으로 날다가 1차 선회를 한 후 교차 비행을 실시하며 각자 반대 방향으로 전환하는 기동이다.

(12) 인버티드 보텀 업 패스는 '배면 및 정상 편대 기동'으로서 싱크로 역할을 하는 5, 6번기가 임무를 수행한다. 배면 비행을 하는 5번기와 정상 비행을 하는 6번기가 한 조가 되어 강하했다가 급상승을 시도하며 방향 전환을 하는 기동이다. 5번기 조종사에게 마이너스 중력가속도가 걸리며 다른 기동에 비해 위험한 공중 기동이다.

(13) 에셜론 리뷰는 '밀집 편대 기동'으로서 1, 2, 3, 4번기가 실행의 주체다. 이 기동은 4대의 T-50B가 포개진 것처럼 아주 밀착한 상태의 공중 기동을 보여준다. 조종사들의 정신 집중을 요하는 공중 기동이다.

(14) 더블 헬릭스는 '나선 횡전 기동'으로서 임무 항공기는 5, 6, 7, 8번기다. 배면 비행을 하는 5번기와 정상 비행을 하는 6번기의 T-50B를 7, 8번기가 나사 모양으로 세 바퀴를 돈 다음 방향 전환을 하는 기동이다. 난이도가 매우 높은 기동 중 하나다.

(15) 스네이크 롤즈는 마치 용이 승천하는 모양과 같다고 해서 '용오름 기동'으로 일컬어진다. 임무 항공기는 1, 2, 3, 4번기 T-50B로서 이들은 1자 대형으로 진입해서 선회하며 1차로 원을 그린 후, 연속적으로 3차례 선회 비행을 실시하고 2차로 원을 그리고 나서 다이아몬드 모양으로 방향 전환을 시도한다.

(16) 디징 브레이크는 '4기 동시 교차 기동'을 의미하며 5, 6, 7, 8번기 조종사가 임무를 수행한다. 박스 크로스와 유사하지만 기동 형태가 약간 다르다. 디징 브레이크도 아찔한 공포감과 스릴, 박진감이 넘치는 공중 기동으로 관람객들의 찬사를 받는다.

(17) 트위스트 롤은 '횡전 산개 기동'으로서 1, 2, 3, 4번기가 그 역할을 맡는다. 4대의 항공기가 나란히 비행하며 2차례의 선회 비행을 하면서 마치 트위스트를 추는 것처럼 산개했다가 다시 4대의 항공기로 재결집을 하는 기동을 지칭한다. 칼라 연막을 뿌리며 트위스트 롤을 시도하는 모습은 한편의 예술 작품을 보는 것 같은 착각에 빠진다.

(18) 막스 머뉴버는 '최대 성능 기동 및 수직 상승 기동'으로서 7번기 조종사가 솔로로 임무를 맡는다. 7번기 조종사는 T-50B에 내재된 최대 성능으로 한 차례의 선회 비행과 한 차례의 루프 기동을 시도한다. 이때 조종사는 자기 몸무게의 8배나 되는 중력가속도의 압박을 견뎌내야 한다. 블랙이글스의 24개 공중 기동 과목 중에서 가장 박력 있는 기동으로 꼽힌다.

(19) 빅토리 브레이크는 일명 '부채꼴 산개 기동'이라고 불리며 임무 항공기는 7번기를 제외한 7대의 T-50B이다. 7대의 T-50B가 관중석 전방으로 진입해오다가 부채꼴 모양으로 화려하게 흩어지는 기동으로 에어쇼의 대미를 장식하는 멋진 기동이다.

성공 법칙 30
블랙이글스 팀원들처럼 1, 2부 전략을 적절하게 구사하라!

때에 따라서는 한꺼번에 몰아붙이지 말고 1, 2부로 나누는 전략이 필요한 경우가 있다. 고령화 사회는 인생 2모작이 필수인 시대다. 은퇴라는 단어도 리타이어(Retire)다. 즉 타이어를 새로 교체하는 게 은퇴라는 이야기다. 우리 인생도 블랙이글스의 에어쇼처럼 전반기와 후반기로 나눈 다음, 그에 걸맞은 최선의 인생 전략을 수립할 필요가 있다.

- 21: 블랙이글스 팀원들처럼 '달인'이란 이야기를 들어라!

- 22 : 블랙이글스 팀원들처럼 거상의 자질을 구비하라!

- 23 : 블랙이글스 팀원들처럼 자신이 하는 일을 명확하게 규정하라!

- 24 : 블랙이글스 팀원들처럼 일신우일신을 하라!

- 25 : 블랙이글스 팀원들처럼 영혼이 있는 승부를 즐겨라!

- 26 : 블랙이글스 팀원들처럼 안전 전문가가 되기 위해 노력하라!

- 27 : 블랙이글스 팀원들처럼 TPO 전략의 1인자가 되라!

- 28 : 블랙이글스 팀원들처럼 인동초의 자세로 역경을 딛고 일어서라!

- 29 : 블랙이글스 팀원들처럼 사전 지식을 쌓는 데 열중하라!

- 30 : 블랙이글스 팀원들처럼 1, 2부 전략을 적절하게 구사하라!

제4부
팀워크

경영의 즐거움 중 빼놓을 수 없는 것이 약한 자들이 합해 강자를 이기고, 평범한 사람들이 합해 비범한 결과를 내는 것입니다. 그것을 가능케 하는 것이 바로 팀워크입니다. 팀워크는 공통된 비전을 향해 함께 일하는 능력이며, 평범한 사람들이 비범한 결과를 이루도록 만드는 에너지원입니다.

― 앤드류 카네기 ―

31. 신뢰

팀워크teamwork란, 팀이나 조직이 설정한 공동의 목표를 달성하기 위하여 구성원들이 자신에게 부여된 임무를 완수하기 위해 최선을 다하며 상호 협력하는 자세를 지칭한다. 요즘에는 스포츠 이외의 분야에서도 팀워크가 매우 중시되고 있다.

블랙이글스의 구호도 '팀워크'다. 그들은 비행 전 브리핑을 마칠 때나 비행 종료 후 디브리핑을 마무리할 때도 '팀워크'를 외친다. 팀워크에 살고 팀워크에 죽을 수 있는 사람이 블랙이글스 조종사들이다.

그런데 이런 블랙이글스의 팀워크를 뒷받침해주는 최고의 가치는 무엇일까? 그것은 바로 '신뢰'다. 조종사 상호 간의 신뢰, 조종사와 정비사 간의 신뢰, 조종사와 항공기 간의 신뢰가 굳건하기 때문에 애기에 자신의 목숨을 걸고 하늘로 솟구칠 수 있는 것이다. 조종사들의 세계를 통해 진정한 신뢰가 무엇인지 좀 더 살펴보기로 한다.

선더버드의 대참사

선더버드는 미 공군이 자랑하는 세계 최고의 특수비행팀이다. 1953년 6월 1일 미국 애리조나 주 루크 공군기지에서 창설된 선더버드의 공식 부대 명칭은 'The United States Air Force Air Demonstration Squadron'이다. 특수비행팀의 이름인 선더버드는 인디언의 전설에 등장하는 거대한 새한테서 따라왔다. 이 새는 모습은 독수리와 비슷하며 영원히 죽지 않는 불사조라고 전해진다. 이 새가 날아가며 날갯짓을 하면 천지가 요동을 치고 다른 새들은 감히 접근조차 할 수 없다고 한다. 그런 선더버드가 미 공군 특수비행팀의 마스코트다.

그런 선더버드에서 전대미문의 대참사가 일어났다. 1982년 1월 18일 미국 네바다 주 넬리스 공군기지 인근 공역에서 에어쇼를 앞두고 비행 훈련을 하던 4대의 T-38A가 사막에 추락해서 4명의 조종사가 모두 사망하는 사고가 발생했다. 순직 조종사는 리더 놈 라우리 3세Norm Lowry III 소령, 레프트윙 윌리 메이즈Willie Mays 대위, 라이트윙 조셉 피트 피터슨Joseph Pete Peterson 대위, 슬롯 마크 멜란콘Mark E. Melancon 대위였다. 그들은 미 공군에서 최정예 전투조종사로 인정받고 있던 인재들이었다.

사고를 목격한 사람들의 증언에 따르면 그들은 횡렬로 나란히 비행하며 큰 원을 그리는 라인 어브레스트 루프Line Abreast Loop를 연습하다가 다이아몬드 대형으로 사막에 추락했다는 것이다. 또

4대의 T-38A가 지상에 충돌하면서 엄청난 폭발음이 들렸으며 항공기 잔해가 1평방마일(783,470평)에 걸쳐서 흩어져 있었다고 진술했다.

   진상조사에 착수한 미 공군은 1차 조사를 통해 추락 사고의 직접적인 원인은 1번기 리더의 조종 과실에 있었다고 밝혔다. 선더버드 조종사들은 시속 400마일(720km/H)로 급강하하면서 지상 100피트(30m) 상공에서 안정을 되찾아야 하는데 그렇지 못했다. 즉 1번기 리더가 비행 고도와 속도를 잘못 판단했고, 다른 조종사들은 그런 리더의 실수에 대해 이의를 제기하지 않고 그대로 따랐다는 것이다.

   53특수비행전대장 이철희 대령은 의미심장한 말을 했다.

   "저도 블랙이글스 출신이 아니었다면 선더버드 조종사들을 이해하지 못했을 겁니다. 그러나 저는 그들의 행위와 선택에 대해 비판보다는 경의를 표하고 싶습니다. 그들은 모두 한 치의 망설임도 없이 리더를 따랐습니다. 그만큼 리더를 신뢰했다는 것을 말합니다. 물론 그들의 행위가 모두 옳았다고 할 수는 없지만, 그런 끈끈한 신뢰 문화가 있었기에 오늘날 세계 최고의 특수비행팀이 된 것만은 분명합니다."

블랙이글스의 신뢰 문화

군대는 철저한 계급 사회다. 그런 만큼 군 조직 내에는 상명하복의 문화가 여전히 존재한다. 그러나 블랙이글스의 문화는 좀 다르다. 그들은 권위주의보다 권위를 존중하고 그것을 지키고 따르려고 노력한다.

블랙이글스 팀원은 전대장, 비행대대장, 팀장의 권위에 대해서 이의를 제기하지 않는다. 그러나 비행 안전과 비행 훈련 그리고 에어쇼에 대해선 지휘부에 스스럼없이 제안하고 조언할 수 있는 분위기가 잘 형성되어 있었다. 특히 리더의 에러가 예견될 때는 그것에 침묵하기보다 정직하게 조언해서 실수나 사고를 방지하는 데 주력한다. 전대장, 비행대대장, 팀장 역시 그것을 부하 조종사들에게 100% 보장하는 분위기다. 이것이 합리성을 갖춘 블랙이글스의 신뢰 문화다.

블랙이글스 조종사들에겐 독특한 놀이문화가 있다. 그들은 11시 30분쯤에 장교 식당에서 점심식사를 마친 후, 조종사 휴게실로 돌아와서 약 30분간 '야츠 게임'에 몰두한다. 야츠 게임은 주사위를 돌려 나오는 숫자로 점수를 매기는 게임으로서 본래 미군 전투조종사들이 즐겼다고 한다. 그런데 오래 전부터 미 공군과 합동 훈련을 하는 과정에서 그들의 야츠 게임이 우리 공군 조종사들에게 자연스럽게 전파된 것 같다.

야츠 게임에는 블랙이글스 대대장을 비롯한 모든 조종사들이 참여한다. 각자 1,000원씩, 총 9,000원의 상금을 걸고 최적의 선택을 하기 위해 치열한 두뇌 싸움을 전개한다. 그리고 최종 승자는 동료 조종사들에게 따뜻한 커피 한 잔을 사주는 것으로 야츠 게임은 종료되고 그들은 각자 오후의 비행 임무나 지상 근무로 돌아간다.

그런데 야츠 게임도 그들의 신뢰 문화와 깊은 연관이 있다. 전대장이나 대대장은 야츠 게임에 직접 참여하기도 하고, 어떤 경우에는 뒤에서 지켜보기만 한다. 전대장과 대대장은 야츠 게임을 하면서 조종사들의 심리 상태나 팀워크에 문제가 되는 사항이 없는지 꼼꼼하게 체크한다. 조종사의 말투, 얼굴 표정, 동료에 대한 친근감과 적극적인 태도 유무가 주된 관찰 대상이다. 그리고 평소와 조금이라도 다른 모습이 발견되면 관련 조종사와 격의 없는 대화를 통해 티끌만한 서운함이나 오해까지 툭툭 털고 가도록 한다. 그래야만 비행 안전이 보장되기 때문이다.

당신이 최고야!

팀워크는 '신뢰'를 먹고 자란다. 정글에는 사납고 힘센 동물이 많다. 그러나 가장 무서운 존재는 개미떼. 개미는 역할에 따라 여왕개미, 수개미, 일개미, 병정개미로 구분되며 상호 신뢰 아래 자신이 맡은 임무를 완수하려고 최선을 다하는 습성이 있다.

개미를 연구하는 전문가들은 강력한 팀워크로 무장한 개미떼 앞에서는 사자나 하이에나와 같은 동물들의 날카로운 송곳니나 무시무시한 발톱도 무용지물이라고 말한다. 아주 작은 벌레에 불과한 개미가 팀워크를 발휘하면 숲속의 제왕들도 언제든지 격퇴할 수 있다는 것이다. "개미 천 마리면 커다란 바위도 거뜬히 굴릴 수 있다"는 말이 그래서 빈말이 아니다.

블랙이글스 팀원들도 조종사, 정비사, 홍보를 맡는 행정 요원 할 것 없이 서로 신뢰하며 강력한 팀워크로 에어쇼를 준비하고 실행한다. 또 그들은 수시로 팀워크를 외치며 동료를 향해 엄지손가락을 치켜세우는 데 조금도 주저하지 않는다. "당신이 최고다!"라는 사인이다. 또 산화한 동료 조종사를 위해 추모공원을 만들어놓고 수시로 그곳을 찾아가 그들의 숭고한 희생정신을 되새기며 비행 안전을 다짐하는 것도 팀워크의 정신이 살아있기 때문이다. 블랙이글스의 팀워크! 그것은 단순한 팀워크가 아니다. 세계 최고의 특수비행팀을 향해 비상하는 그들만의 강력한 쌍발 엔진이다.

성공 법칙 31
블랙이글스 팀원들처럼 서로 신뢰하는 조직을 만드는 데 앞장서라!

당신의 말을 믿고 지옥까지 함께 동행할 수 있는 친구가 단 한 명이라도 있는가? 또 당신의 말을 100% 신뢰하고 자신의 전 재산을 기꺼이 내놓을 수 있는 친구가 있는가? 이 물음에 "그렇다"라고 대답할 수 있다면, 당신은 이미 성공적인 삶을 살고 있는 사람이다. 누군가에게 신뢰받는다는 것은 그만큼 성공했다는 증거다.

32. 소통

요즘 '소통'이 우리 사회의 화두다. 정치권과 국민들 간의 갈등, 정당 간의 끊임없는 파열음, 보수와 진보 진영 간의 대립, SNS를 둘러싼 네티즌들의 볼썽사나운 설전 등도 소통의 부재가 원인이다. 어떤 의미에서 소통은 '혈액 순환'과도 같다. 소통이 안 되는 사회는 혈관이 막혀 중풍을 앓는 모습과 비슷한 증상을 보이기 때문이다.

소통의 달인

우리 사회에서 소통을 잘하는 사람을 꼽는다면? 단연 전투조종사일 것이다. 그들은 공군작전사령부의 중앙방공통제소MCRC, Master Control and Reporting Center, 공군기지 지휘부, 관제탑, 동료 조종사, 정비사들은 물론 소음 민원을 제기하는 인근 지역민들과도 소통하며 비행 임무를 수행해야 한다. 심지어 쇳덩어리인 전투기와도 소통한다. 그들은 전투기를 애기라 부른다. 또 탑승 전, 조종 장갑을 끼고 애기의 구석구석을 보듬어주면서 "오늘 비행 한 번 잘해 보자", "사랑한다", "화이팅!" 등 전투기와 자신만의 은밀한 대화를 나눈다.

그들이 소통을 중시하는 이유는 비행 안전을 위해서다. 과거 외국 공항에서 지상에서 막 이륙하던 여객기와 비행 훈련을 마치고 기지로 귀환하던 전투기가 충돌해서 많은 인명 피해와 재산 피해를 낸 적이 있다. 이는 조종사들과 관제탑 간의 소통이 원활하지 못했기 때문이다.

함께 비행하는 동료 조종사들과 소통하는 것은 더 중요하다. 여객기는 편대 비행을 하는 경우가 없다. 언제나 목적지를 향해 솔로 비행을 하며 승객과 화물을 실어 나른다. 그러나 전투조종사들에게는 단기 비행 임무가 거의 주어지지 않는다. 오로지 비행 교육 과정에서 전방 조종석의 조종사에 대한 제반 비행 능력을 점검하기 위한 평가 비행을 할 때만 평가자인 교관이 후방 조종석에 탑승하는 복좌 단기로 비행 임무를 수행한다.

전투기의 모든 비행 임무는 2대, 3대, 4대, 5대, 6대 등으로 이루어지며, 블랙이글스는 8대로 편대를 구성해서 에어쇼를 펼친다. 이때 편대원들 간에 원활한 소통이 이루어져야만 비행 임무를 완수하고 안전하게 귀환할 수 있다. 소통 부재로 적진 상공에서 홀로 남겨진 전투조종사가 무사 귀환을 할 수 있겠는가? 전투조종사가 중앙방공통제소의 방공무기통제사*와 소통하지 않고 적기를 추적해서 격추할 수 있겠는가? 그래서 전투조종사들은 소통 촉진을 위해 최선을 다한다.

독자들은 유투브를 통해 블랙이글스의 에어쇼 모습을 마치 현장에서 보는 것처럼 감상했을 것이다. 그 영상에는 블랙이글스 1번기를 조종하는 리더 김용민 소령이 거친 숨을 몰아쉬며 동료 조종사들과 소통하는 모습과 음성이 나온다. "Ready, Eagle Now!" 여기서 'Ready'는 "준비하라"는 예령豫令이고, "Eagle"은 "이글 대형으로 공중 기동을 하라"는 뜻이며, 'Now'는 "지금부터 시작하자"는 명령이다.

블랙이글스의 소통 방법을 배워라!

블랙이글스 조종사들은 모두 현역 전투조종사다. 그들은 조종뿐만 아니라 소통도 무척 잘한다. 그래서 그들의 소통 방법을 알아보는 것도 큰 의미가 있다.

---

* 방공무기통제사는 중앙방공통제소 통제대에서 24시간 교대 근무를 하며 비행 추적 및 항법 보조를 통해 요격기와 전술 임무 항공기를 관제하고 민항기와 충돌하는 것을 방지하는 등의 막중한 임무를 수행하는 사람들이다.

| 8대의 T-50B가 이륙을 위한 최종 기회 점검을 받기 위해 이동하고 있다.

    첫째, '소통'을 잘할 수 있는 인재만 뽑는다. 그들은 공개 공모와 내부 추천을 통해 뛰어난 조종 기량과 비행 능력을 갖춘 복수의 예비 후보를 여럿 확보한 후, 기존 팀원들의 전원 동의를 받은 자를 최종 선발한다. 이때 가장 중시하는 선발 원칙 중 하나가 소통이다. 기존 팀원들과 호흡을 맞추고 팀워크를 발휘할 수 있는 사람을 블랙이글스 조종사로 맞아들인다.

    둘째, 간단명료하고 정직한 메시지만 주고받는다. 군용 항공기에는 UHF, VHF 채널이 있다. UHF는 조종사들과 외부 기관(관제탑 등)이 소통하는 채널이고, VHF는 조종사들끼리 소통하는 채널이다. 그런데 조종 헬멧에 내장된 송수신기는 여러 기계음까지 수신하기 때문에 정신을 집중해서 들어야 한다. 그래서 대화는 상대방이 듣기 쉽도록 짧고 굵게 한다.

셋째, '경청'을 잘한다. 소통의 달인은 다른 사람의 말을 경청하며 맞장구를 잘 쳐주는 사람이다. 미국의 국보급 MC인 오프라 윈프리도 한 시간짜리 토크 쇼에서 10분 정도만 말을 한다고 한다. 50분은 화자話者의 이야기를 들어주는 데 할애한다. 그래서 그녀의 토크 쇼는 언제나 물이 흐르는 것처럼 자연스럽고 편안하게 느껴진다. 말을 독점하면 적이 많아지는 게 세상의 인심이다.

넷째, '끼어들기'를 하지 않는다. 끼어들기가 나쁜 것은 비단 자동차 운전에만 국한되지 않는다. 블랙이글스 조종사들에게 있어서 무분별한 끼어들기는 동료 조종사를 사지死地에 밀어 넣을 수 있는 행위다. 일례로 7, 8번기 조종사가 태극 기동을 막 시도한다고 하자. 이때 나머지 조종사들은 공중 대기를 하면서 침묵해야 한다. 그래야만 7, 8번기 조종사가 VHF 채널을 통해 기동의 참조점과 원 안으로 들어갈 시점에 대한 정보를 주고받으며 안전하게 기동을 마칠 수 있다. 만약 다른 조종사가 함부로 끼어들어 7, 8번기 조종사의 소통을 방해하면 공중 충돌은 물론 태극 기동까지 망칠 수 있다.

다섯째, 블랙이글스 조종사들은 '엄지의 법칙'을 추구하고 '검지의 법칙'은 배제한다. 엄지의 법칙은 "엄지손가락을 치켜세우면 나머지 4개의 손가락이 자신을 향해 칭찬으로 돌아온다"는 것을 말한다. 반면 검지의 법칙은 "검지로 상대방을 힐책하면 반드시 3개의 호된 비난이 부메랑으로 되돌아온다"는 것을 지칭한다. 그들은 "칭찬은 발이 달려 있고 험담은 날개가 달려있다"는 이야기를 금과옥조로 여긴다.

여섯째, '뻔한' 이야기보다 '펀fun한' 이야기를 추구한다. 블랙이 글스 전대장이나 비행대대장도 이 때문에 고민이 많다. 같은 이야기를 반복해서 주문하면 젊은 조종사들에게 구세대의 뻔한 이야기로 비춰지기 때문이다. 그래서 그들의 이야기는 언제나 신선하고 발랄하다. 블랙이글스 전대장과 비행대대장으로 성공하려면 적어도 유머집 100권 정도는 기본으로 읽어야 한다는 우스갯소리가 나올 정도다.

펀한 이야기가 오가는 조직은 즐겁고 재미난 조직이다. 그런 조직에서 일하는 사람이 블랙이글스 조종사들이기 때문에 국민들의 눈을 즐겁게 해주는 환상적인 에어쇼를 할 수 있는 것이다. 따라서 "내가 즐거워야 다른 사람을 즐겁게 해줄 수 있다"라고 말하는 그들의 이야기가 설득력을 갖는다.

일곱째, 임기를 마친 동료 조종사가 블랙이글스를 떠날 때도 그들은 온갖 정성을 다해 멋진 추억을 만들어준다. 8명의 블랙이글스 조종사들이 '마지막 비행(일명 막비)'을 함께 하고 이글루로 돌아오는 지상 활주로에서 감동의 송별사와 이임사를 주고받는다. 이것은 그들만의 오랜 전통이다. 이런 추억을 간직하고 떠난 조종사는 자신이 몸담았던 블랙이글스를 누구보다 사랑하고 후원하는 OB팀원이 된다. 자신이 일했던 조직을 비난하거나 배반하는 것은 그만큼 조직의 소통에 심각한 문제가 있다는 단적인 증거다.

블랙이글스는 1994년 상설 특수비행팀으로 첫 출발을 시작한

지, 18년 만에 영국 에어쇼에서 발군의 능력을 발휘해 세계가 주목하는 특수비행팀으로 우뚝 섰다. 그것이 가능했던 것은 그들 특유의 긴밀한 소통 전략에 있다. 30대 초·중반의 조종사들도 이렇게 소통을 잘하는데 왜 우리 사회는 아직도 소통 부재로 고통 받고 있을까? 이번 기회에 그들의 소통 방법을 진지하게 배우고 익혔으면 한다.

성공 법칙 32
블랙이글스 팀원들처럼 소통의 달인으로 변신하라!

소통을 잘하면 주변 사람들이나 조직 내부에서 사랑받는 핵심 인물로 성장할 수 있다. 당신이 하고자 하는 비즈니스의 성공을 위해서도 소통의 달인에 도전해야 한다. 비즈니스의 시작과 끝은 결국 소통 문제로 연결되기 때문이다. 듣지 못하면 말을 할 수 없는 게 인간이다. 따라서 "경청이 먼저, 자신의 말은 그 다음에"라는 자세로 멋진 소통을 시작하라!

33. 막비

일반인에게는 생소한 몇 가지 공군 용어가 있다. '선장', '막비', '상번', '하번'이 그 대표적 예다. 조종사들 가운데 선장이 있다. 처음 이 말을 들으면 "선박 운행의 책임자가 웬 전투기 조종을?" 하며 고개를 갸우뚱할 것이다. 그런데 선장은 '선임 편대장'의 준말이다. 또 막비는 '마지막 비행'의 준말이고, 새로 임무를 맡는 것을 '상번', 기존 임무를 내려놓는 것을 '하번'한다고 이야기한다.

유종의 미

막비는 공군의 오랜 전통이다. 공군은 30~40년 동안 조국 영공 수호의 임무를 다하고 퇴역하는 항공기에 막비 행사를 성대하게 치러준다. 이들이 마지막 비행 임무를 마치고 모기지로 귀환하면

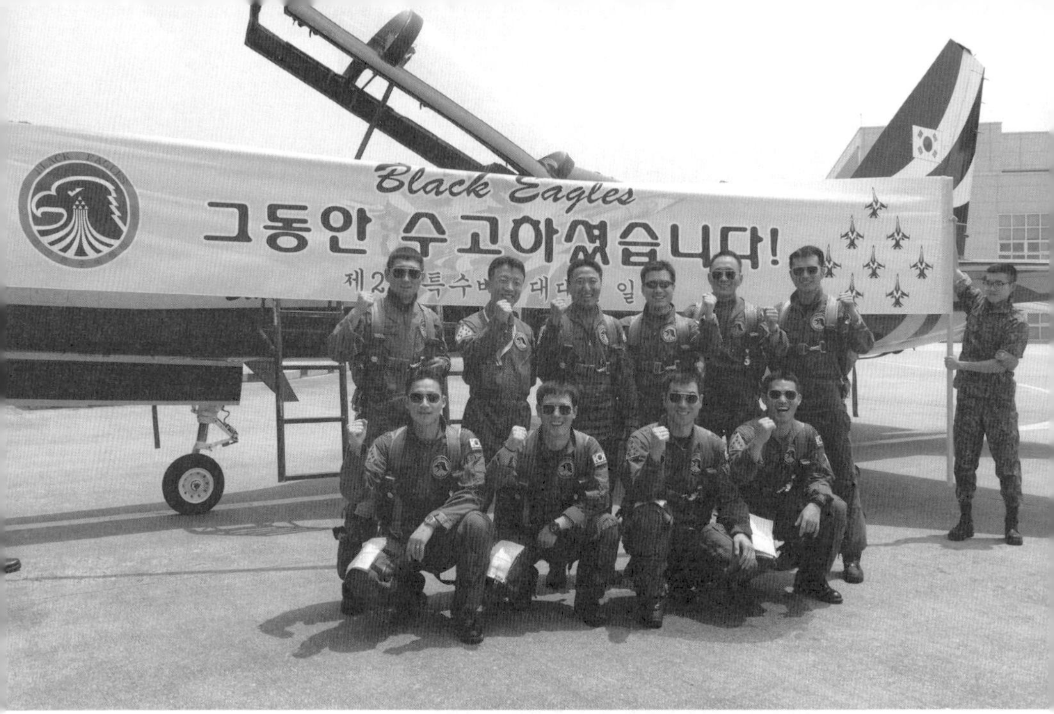

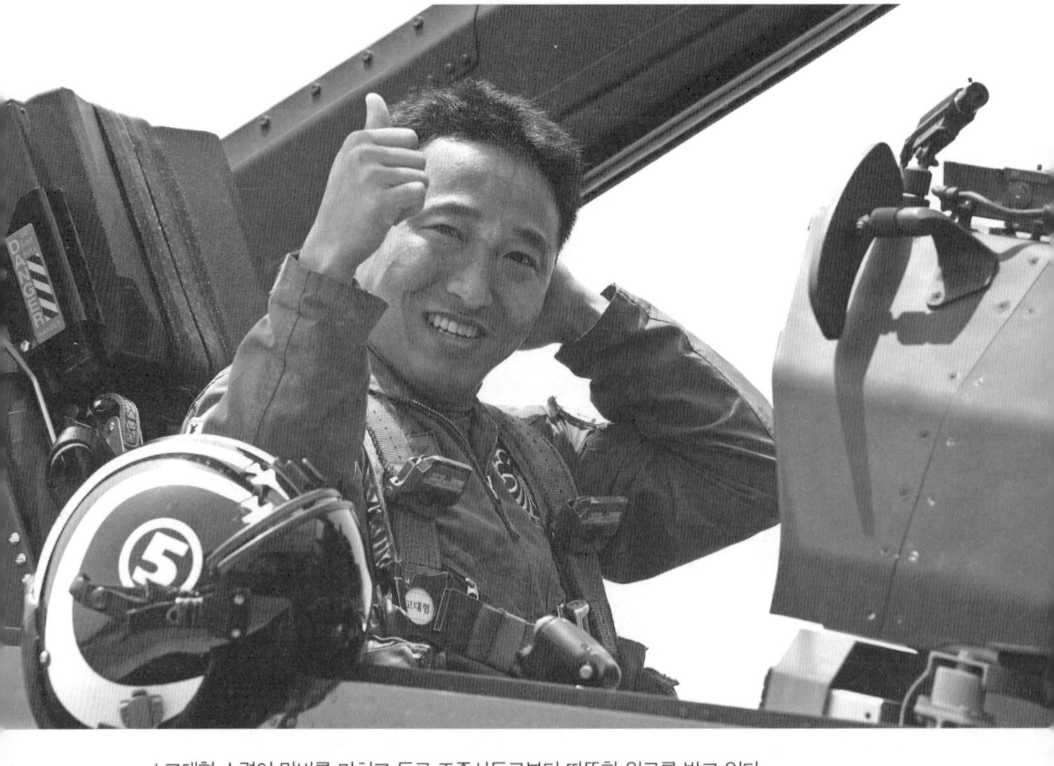

| 고대협 소령이 막비를 마치고 동료 조종사들로부터 따뜻한 위로를 받고 있다.

그 항공기를 조종한 공군 조종사와 부대 관계자들이 모여서 퇴역식을 거행해준다. 항공기 앞에 축하와 위로 인사가 담긴 대형 플래카드를 걸고 꽃다발을 바치고 샴페인을 부어준다. 이때 항공기는 단순한 고철덩어리가 아닌 살아 숨 쉬는 생물체로 대접받는다. 그리고 서운 섭섭한 마음으로 그들을 일선에서 퇴역시킨다. 또 그것은 조종사와 정비사들의 사진 속에 남아서 오랫동안 기억된다.

블랙이글스의 T-50B는 생산된 지 채 10년이 안 되는 신형 항공기다. 그런데 블랙이글스도 막비를 한다. 그것은 항공기에 대한 막비 행사가 아니라 에어쇼 임무를 내려놓고 다른 부대로 떠나는 동료 조종사를 위한 마지막 비행이다. 이 막비는 블랙이글스 팀원들이 소통하며 팀워크를 다지는 매우 뜻 깊은 행사다. 역대 블랙이글스 출신 조종사를 몇 사람을 만나보았는데, 그들 대부분은 막비에 대한 추억을 떠올리며 죽는 날까지 잊지 못할 것 같다고 했다.

그날 좀 눈물을 흘렸습니다

가장 최근에 블랙이글스를 떠난 고대협 소령과 막비에 대한 인터뷰를 했다. 그는 공군 대위 시절인 2010년 6월 3일 싱크로 역할을 하는 블랙이글스 6번기 훈련조종사로 선발되었다. 그리고 2014년 7월 13일 블랙이글스 5번기 조종사로 하번했다. 만 4년 1

개월 동안 블랙이글스에서 에어쇼를 했고, 그곳에서 공군 소령으로 진급까지 했다. 그가 이런 이야기를 들려줬다.

"저는 전투기를 가장 많이 타야 할 시기에 제 고유넘버가 새겨진 5, 6번기 T-50B를 타고 후회 없을 만큼 에어쇼를 했습니다. 영국과 싱가포르 하늘을 날면서 대한민국과 태극기, 우리가 만든 T-50B를 세계에 홍보할 수 있었던 것은 제게 있어 큰 행운이었습니다. 그리고 후배들이 마련해준 막비 행사에서 많은 눈물을 쏟고 블랙이글스를 떠날 수 있었습니다. 지금도 블랙이글스만 생각하면 가슴이 벅차옵니다."

그가 막비를 한 것은 2014년 6월 말이다. 그날 아침 고대협 소령은 도제식으로 자신이 교육한 심규용 소령이 조종하는 블랙이글스 5번기의 후방 조종석에 앉아 하늘을 날았다. 8대의 T-50B가 원주기지를 이륙해서 하이 쇼 기동을 마치고 이글루에 도착하기까지 30여 분이 걸렸다. 그런데 이글루로 돌아오는 지상 활주로에서 8명의 동료 조종사들이 고 소령에 대한 송별사를 전하기 시작했다.

블랙이글스의 총무를 맡고 있는 8번기 조종사 경진호 대위가 말문을 열었다. "고 선배는 블랙이글스에 들어오셔서 ○○소티의 비행과 ○○회의 국제 에어쇼와 ○○○회의 국내 에어쇼에 참가를 하셨습니다. 마음 같아선 고 선배와 영원히 함께 하고 싶었는데, 조만간 블랙이글스를 떠나신다는 사실이 못내 아쉽고 서운 섭섭합니다"라며 팀 분위기를 감정모드로 전환했다. 이어 리더인 김용민 소령이 "고 소령, 우리가 오랫동안 서로 의지하며 비행할 줄 알았는데, 이제 블랙이글스에서 더 이상 볼 수 없게 되어 서운하다. 고 소령은 최고의 파일럿이다. 영국과 싱가포르 에어쇼의 영광도 그대가 있었기에 가능했다. 고 소령에게 사랑과 존경을 보낸다. 새로운 부임지에서도 멋진 리더가 되었으면 좋겠다." 나머지 후배 조종사들도 돌아가면서 고 소령에게 덕담을 건네며 행운을 빌어 주었다.

 VHF를 통해 들려오는 동료 조종사들의 이임 인사를 받으며, 고 소령의 머릿속에서는 지난 4년간의 블랙이글스 조종사 생활이 파노라마처럼 펼쳐졌다. 2번의 죽을 고비를 무사히 넘기고 하느님께 감사했던 일들, 에어쇼로 인한 잦은 출장으로 아이들과 함께 하지 못해 느껴야 한 아빠로서 미안한 마음, 늘 아내에게 불안함과 조바심을 갖게 했던 조종사 남편으로서 가질 수밖에 없던 애환이 가슴을 파고들었다. 생각이 거기에 이르자 주체할 수 없을 정도로 눈물이 쏟아져 내렸다. 8대의 T-50B는 이글루로 돌아오는 속도를 더 줄여주었다. 고 소령의 마지막 이임사를 듣기 위한 그들 특유의 따뜻한 배려였다. 고 소령은 지금껏 살아오면서 그렇게 많이 운 적이 없다고 했다.

 "그간 우리들은 즐겁게 비행했다. 서로 모난 것은 두드리면서 함께 폈고, 부족한 것은 보완하면서 팀워크를 다져왔다. 친형제보다도 자주 만났고……. 나는 이제 이곳을 떠나지만 앞으로도 비행 안전에 유념해주었으면 좋겠다. 그것이 나에게 해줄 수 있는 최고의 선물이다. 앞으로도 많이 그립고 무척 보고 싶을 것 같다. 자주 연락하며 지내자."

고 소령의 눈물 섞인 고별사가 끝나자 VHF 채널 너머로 후배 조종사들의 힘찬 박수 소리가 들려왔다. 고 소령의 막비 행사는 그렇게 막을 내렸다.

아내에게 감사

보통 막비 행사가 끝나면 이글루 앞 광장에서 성대한 기념식을 거행한다. 블랙이글스 팀원들이 모두 다 모여서 하번 조종사에게 꽃다발도 증정하고, 수고했다는 플래카드도 내걸고, 기념사진도 찍고, 부부 동반의 회식을 하며 아쉬운 석별의 정을 나눈다. 그러나 아쉽게도 고 소령의 막비 행사는 그렇지 못했다. 초등학교 교사인 아내가 그날따라 학교에 매우 중요한 행사가 있어서 참석하지 못했기 때문이다.

대신 고 소령은 그날 아내로부터 큰마음의 선물을 받았다. 그는 늘 비행 훈련이나 에어쇼를 마치면 곧바로 아내에게 "오늘도 비행을 잘 마쳤다"라고 전화했다. 아내의 걱정을 조금이라도 덜어주기 위해서다. 그런데 그날은 아내가 막비를 시작하기 전에 처음으로 "오늘 당신과 함께 하지 못해 정말 미안해요. 그동안 수고 많았어요. 사랑해요"라는 문자메시지를 보내주었다. 평소 "사랑한다"는 이야기를 안 하는 사람인데 그날은 자신에게 그 말을 했다며 수줍게 웃었다. 동료 조종사들과 함께 하는 부부 모임은 결국 고 소령이 블랙이글스를 떠나기 이틀 전에 조촐하게 했다.

잔소리꾼

누구든 말년 블랙이글스 조종사가 되어 에어쇼 임무를 후배에게 넘겨줄 때가 되면 잔소리꾼으로 돌변한다고 한다. 고 소령 자신도 그런 선배들이 약간 얄미웠는데, 어느 새 자신도 그렇게 변해가고 있는 것을 느꼈다. 떠날 때가 되니까 과거 자신이 했던 특수비행이 매우 위험하게 보이더라는 것이다. 그래서 후배 조종사에게 "너 인마, 이런 기동은 절대로 하지마라"라고 이야기해주고 싶을 때가 많아졌다. 그때마다 과거 자신이 맘속으로 선배들에게 했던 생각, '자기들은 다 해놓고 후배들에게만······'을 떠올리며 입술을 깨물었다고 한다. 그런 이야기가 후배 조종사에게 별 도움이 안 된다는 것을 잘 알고 있기 때문이다.

일단 블랙이글스 조종사가 되면 멋진 그림을 많이 연출하고 싶은 본능 때문에 동료 조종사들과 비행 대열에 기꺼이 조인-업을 한다는 것이다. 그들이 가장 경계하고 싫어하는 것은 자신이 스스로에게 던지는 "너 때문에 에어쇼를 망쳤다"라는 자책이다. 고 소령은 후배 조종사들의 그런 마음을 잘 알기 때문에 비행 안전과 임무 성공에 대한 잔소리의 유혹을 떨쳐버리고 블랙이글스를 떠나올 수 있었다. 자랑스러운 후배 조종사들을 100% 신뢰하기에, 또 그들의 강력한 팀워크를 확신하기에.

성공 법칙 33
블랙이글스 팀원들처럼 떠날 때는 말없이 떠나라!

모든 일은 시작과 끝이 있다. 그런데 끝이 더 중요하다. 자신이 몸담았던 조직, 자신과 거래했던 고객들, 자신이 사랑했던 사람들과 함께 한 일과 추억에 대해 끝까지 비밀을 지켜줘라. 조직을 배반한 사람, 고객들에게 험담을 늘어놓는 사람, 떠나간 연인의 과거를 들춰내는 사람은 어디가도 성공하지 못한다. 나쁜 추억은 송두리째 가슴에 묻고 입으로는 즐거운 추억만 이야기하라!

34. 페리 비행

    2014년 1월 29일, 원주기지에서는 성일환 공군참모총장 주관으로 '2014년 싱가포르 에어쇼 출정식'을 거행했다. 참모총장은 블랙이글스 팀원들의 거수경례를 받은 후, "평소 훈련한 대로 싱가포르 에어쇼를 잘 마무리하고 모든 팀원이 안전하게 부대 복귀할 수 있기를 바랍니다"라는 말로 그들의 장도壯途를 축하해주었다.
    2014년 싱가포르 에어쇼 참가는 2012년 영국 에어쇼 때와 비교해서 몇 가지 달라진 게 있다. 에어쇼 참가 예산인 23억 3,600만 원의 대부분을 정부가 지원했다는 점, 9대의 T-50B가 3대의 C-130H 수송기의 지원을 받아가며 페리 비행으로 싱가포르 창이공항까지 직접 날아갔다는 점이 그것이다. 얼핏 보기엔 단순한 변화처럼 보일지 모르지만 실제로는 대한민국 공군사에 한 획을 긋는 엄청난 쾌거였다.

제약 요인

KAI는 2012년 영국 에어쇼 때와는 달리 에어쇼 참가 예산을 거의 지원하지 않았다. '도전'편 제10장 '악연과 러브콜의 이중주'에서 잠깐 언급한 바와 같이 싱가포르가 주도했던 훈련기 수주전에서 KAI의 T-50이 이탈리아의 M-346기에 밀린 것이 가장 큰 요인이다. 따라서 영국 에어쇼 때처럼 많은 비용이 수반되는 '화물기를 이용한 T-50B의 싱가포르 이송'은 불가능했다. 그 대안으로 선택한 것이 '페리 비행'이었다.

그러나 블랙이글스는 항공기를 가지고 해외에 전개해 본 경험이 없었다. 또 우리 공군은 공중 급유기도 없고, T-50B에는 공중 급유 장치도 내장되어 있지 않았다. 이때 공군과 블랙이글스 내부에서는 여러 제약 요인을 한꺼번에 극복할 수 있는 다양한 아이디어들이 나왔다. 수차례의 논의 결과, "중간 기착지를 선정한 후, 그곳에서 조종사들이 휴식하고 항공유를 보급 받고 싱가포르 창이공항까지 페리 비행으로 날아가자"라는 의견이 지배적이었다.

한 가지 아쉬운 것은 중간 기착지인 대만의 카오슝, 필리핀의 세부, 브루나이의 브루나이 공항 측이 우리 공군에게 제공하기로 약속한 항공기 주기장이 생각보다 협소했다는 사실이다. 기껏해야 5대의 T-50B와 1대의 C-130H 밖에 머무를 수 없었다. 이 문제는 수송기의 해외 전개 경험이 많았던 김해기지의 긴밀한 협조로 깔끔하게 마무리되었다. 김재범 비행단장과 참모들이 9대의 T-50B

와 3대의 C-130H가 거대한 톱니바퀴처럼 맞물려 돌아가며 한 치의 오차 없이 5,400km에 이르는 장거리 항로 비행에 대한 노하우를 제공한 것이다. 그것 역시 김해기지와 블랙이글스의 끈끈한 팀워크가 전제되었기에 가능했다. 그들의 멋진 여정을 한번 따라 가 보자.

환상적인 페리 비행

2014년 1월 31일 새벽, 그날 오후부터 원주기지 주변에 폭설이 내릴 예정이라는 기상 특보가 전해졌다. 오전 7시, 공군본부와 원주기지는 9대의 T-50B를 김해기지로 전개할 것을 지시했다. 따라서 블랙이글스는 출발 예정일보다 하루 일찍 원주기지를 떠났다. 정비사를 비롯한 70여 명의 지상 근무 요원들도 3대의 C-130H에 나눠 타고 김해기지로 향했다.

블랙이글스의 역사적인 첫 해외 페리 비행은 2월 1일 아침, 김해기지의 항공작전전대장 전인석 대령이 이끄는 3대의 C-130H와 김용민 소령이 이끄는 9대의 T-50B가 김해기지를 이륙하면서 시작되었다. 2대의 C-130H가 먼저 제주공항을 향해 떠났고, 9대의 T-50B가 그 뒤를 따랐다. 나머지 1대의 C-130H는 모든 항공기가 이륙하는 것을 최종 확인한 후, 마지막으로 날아올랐다.

l 싱가포르 창이 공항을 향해 T-50B가 페리 비행을 하고 있다.

제주공항에 도착한 2대의 C-130H는 잠시 휴식을 취한 후, 1, 2호기를 조종하는 이무강 소령과 유호성 소령을 앞세워 각각 대만 카오슝 공항과 필리핀 세부 공항을 향해 이륙했다. 그로부터 약 3시간 뒤에 블랙이글스의 1조 편대인 5대의 T-50B가 카오슝 공항을 향해 이륙했다.

오후 5시 20분쯤 카오슝 공항에 착륙한 블랙이글스 조종사들은 1호기 C-130H를 타고 1시간 먼저 카오슝 공항에 도착한 지상 근무 요원들의 뜨거운 환영을 받았다. 2월 1일 저녁, 12대의 항공기는 제주공항에 5대(C-130H 1대, T-50B 4대), 대만 카오슝 공항에 6대(C-130H 1대, T-50B 5대), 필리핀 세부 공항에 1대(C-130H 1대)로 분산된 채 하룻밤을 보냈다.

2월 2일 아침, 카오슝 공항을 출발한 5대의 T-50B는 오전 11시 18분에 세부 공항에 도착해서 휴식하고 항공유를 보급 받은 다음, 오후 5시 21분 브루나이 공항으로 향했다. 그 사이 제주공항에 있던 4대의 T-50B가 오전 9시 50분에 카오슝 공항에 착륙해서 항공유를 보급 받고, 오후 2시 38분 세부 공항을 향해 날아올랐다.

1호기 C-130H 역시 오후 3시 30분 카오슝 공항을 이륙해서 오후 6시 30분에 필리핀 세부 공항에 착륙했고, 2호기 C-130H와 함께 그곳에서 대기했다. 한편 제주공항에서 대기하던 3호기 C-130H가 날갯짓을 시작했다. 박형태 소령이 조종하는 3호기 C-130H가 오전 8시 30분 제주공항을 이륙해서 7시간의 비행 끝에 브루나이 공항에 착륙했다. 오후 7시 2분에 도착 예정인 5대의

T-50B를 맞아주기 위해서였다. 이로써 2월 2일 저녁에는 세부 공항에 6대(C-130H 2대, T-50B 4대), 브루나이 공항에 6대(C-130H 1대, T-50B 5대)의 항공기가 주기장에서 다음 비행을 기다리며 1박을 했다.

2월 3일, 공군은 블랙이글스와 C-130H 조종사, 지상 근무 요원들에게 달콤한 하루의 휴가를 주었다. 안전 비행을 위한 재충전할 수 있는 휴식과 전우애를 다질 수 있는 기회를 준 것이다. 2월 4일 아침, 세부 공항에 있던 2호기 C-130H가 오전 7시 40분에 이륙해서 오전 12시 50분에 싱가포르 창이 공항에 제일 먼저 도착했다. 브루나이를 출발해서 싱가포르 창이 공항으로 들어올 5대의 T-50B를 맞아주기 위해서다. 세부 공항에 있던 1호기 C-130H 역시 오후 1시 20분에 이륙해서 오후 6시 40분에 싱가포르 창이 공항에 무사히 착륙했다.

브루나이 공항에 머물러 있던 5대의 T-50B도 오후 1시 15분 브루나이 공항을 출발해서 오후 2시 59분에 싱가포르 창이 공항에 도착했다. 세부 공항의 T-50B 4대도 오전 10시 24분에 이륙해서 오전 11시 59분에 브루나이 공항에 착륙했다. 그들은 휴식과 항공유의 보급을 마친 뒤 오후 2시 41분 브루나이 공항을 이륙해서 오후 4시 40분 싱가포르 창이 공항에 착륙했다. 브루나이 공항에 대기했던 3호기 C-130H도 오후 3시 30분에 이륙해서 오후 6시 20분에 싱가포르 창이 공항에 도착했다.

남다른 감회

1호기 C-130H를 몬 이무강 소령은 "12대의 항공기가 이처럼 복잡한 비행 스케줄을 완벽하게 소화해내기 위해 블랙이글스 조종사들과 함께 한 달 이상 비행 스케줄을 치밀하게 연구했다"라고 밝혔다. 또 그는 "김해기지의 기본 비행 임무를 수행하면서 틈나는 대로 비행 스케줄을 검토하고 사전답사도 하느라 몸은 고달팠지만 모든 팀원들이 안전하게 도착하고 보니 감개무량했다"라고 밝혔다.

전인석 대령도 기쁨을 감추지 않았다. "그동안 우리 C-130H 조종사들은 필리핀 재난 구호 활동이나 남수단 군수 지원 활동 등 여러 차례 해외 장거리 항로 비행을 경험한데다 평소 이런 상황에 대비한 훈련을 열심히 해왔기 때문에 큰 어려움은 없었다. 그렇지만 이번 수송 작전은 우리만 가는 것이 아니어서 부담스러운 측면도 있었다. 그러나 블랙이글스와 유기적인 협조가 잘 이루어지면서 염려한 것보다 안전하게 싱가포르까지 전개할 수 있었다. 블랙이글스 팀원들에게 감사드린다."

이번 블랙이글스와 C-130H의 성공적인 페리 비행은 공군본부, 김해기지, 블랙이글스의 치밀한 작전과 공조 체제가 있었기에 가능했다. 김해기지의 C-130H는 T-50B에 대한 길 안내자 역할을 완벽하게 수행했다. 또한 C-130H는 지상 근무 요원과 정비 관련 장비를 싣고 중간 기착지에 미리 도착해서 T-50B의 착륙과 이륙을 지원하는 데 최선을 다했다. 그리고 최근 여러 차례 해외 전개를 수행했던 경험을 바탕으로 블랙이글스에게 항로 및 기상 여건을 비롯한 제반 사항에 대해 조언하는 일도 마다하지 않았다.

특히 지상 근무 요원들은 C-130H를 타고 먼저 도착해서 T-50B가 이착륙을 할 활주로와 주기장에 대한 점검에 최선을 다했다. 작은 돌멩이나 모래 같은 이물질이 항공기 엔진에 빨려 들어가면 기체를 손상시킬 수 있기 때문에 FOD*를 방지하기 위한 일에 정신을 집중했다. 그리고 저편 하늘 끝에서 자신들을 향해 접근해 보는 T-50B 조종사를 향해 두 손을 흔들며 환영해주었다. 지금도 블랙이글스 조종사들은 한 목소리로 당시의 추억을 말한다. "그때 C-130H 조종사들과 지상 근무 요원들이 보여준 끈끈한 전우애가 장거리 조종에 따른 모든 피로와 긴장감을 한방에 날려주었다. 그래서 그들이 정말로 고맙고 자랑스럽다"라고.

성공 법칙 34
블랙이글스 팀원들처럼 타인과 기꺼이 협조할 수 있는 자세를 가져라!

'人'이란 한자는 우리 인간이 세상을 살면서 타인의 도움을 받아야만 하는 존재임을 시사한다. 공자께서도 《논어》에서 이런 말씀을 남기셨다. "내가 일어서고 싶다면 남을 먼저 일으켜 세워라." 이는 내가 남의 도움을 받길 원한다면 내가 먼저 남을 돕는 자세를 가져야 한다는 의미다. 성공한 사람들은 대부분 이것을 금과옥조로 여기고 타인을 돕는 데 주저하지 않은 사람이다. 당신도 성공을 원한다면 그런 자세부터 벤치마킹하라!

---

* FOD란 'Foreign Object Damage'의 약자로서 주기장이나 활주로 상의 작은 이물질에 의한 기체 손상을 말한다.

35. 화려한 비상

　블랙이글스는 2013년 4월 1일, 239특수비행대대에서 53특수비행전대로 승격했다. 그것이 가능했던 것은 2012년 영국 에어쇼에서 거둔 눈부신 성과와 국민들의 뜨거운 성원 덕분이다. '비행대대'에서 '전대'로 승격했다는 것은 두 가지 측면에서 매우 커다란 의미를 갖는다.
　첫째, 최고지휘관의 계급이 중령에서 대령으로 격상되고 단일지휘 계통의 명령을 받게 되었다는 점이다. 계급으로 치자면 한 등급 차이지만 다른 군부대나 외부 기관의 협조를 받는 데 있어서는 엄청난 차이가 있다.
　또 특수비행대대 시절에는 원주기지 소속이었기 때문에 공군 작전사령부 예하 조직으로서 작전사령관의 명령을 따라야 했다. 그러나 에어쇼는 전적으로 참모총장의 승인 사항이다. 이처럼 이원화된 지휘 체계로 운영되다보니 공군본부와 작전사령부 간에 이견이라도 생길 경우, 특수비행대대는 중간에서 아주 곤란한 입장에 놓일 수밖에 없었다. 그러나 특수비행전대는 공군본부의 직할 부대이기 때문에 일원화된 지휘 체계 아래에서 비행 계획을 수립하고 비행 훈련과 에어쇼에 전념할 수 있게 되었다.

둘째, 독자적인 부대 운영이 가능해졌다는 점이다. 특수비행대대 시절에는 원주기지의 여러 부서와 협조하면서 부대 운영을 도모해야 했다. 그러다보니 적시에 지원을 받지 못하는 경우도 있었다. 특히 북한의 공중 도발을 막기 위한 '대비 태세 증강'과 같은 임무가 하달되면, 에어쇼는 우선순위에서 밀릴 수밖에 없다. 그러나 전대는 정비대대를 비롯한 일반 행정 요원과 홍보 요원까지 거느리게 되었기 때문에 제한적이나마 독자적인 부대 운영이 가능하다.

그러나 오늘날의 53특수비행전대가 있기까지 블랙이글스가 걸어온 길은 결코 녹록하지 않았다. '전문성'편 8장 '4:6:8'에서 언급했지만 여기서는 중복되지 않는 선에서 블랙이글스의 T-50B 체제가 안착되는 과정에 대해 좀 더 덧붙이고자 한다.

부침이 심했던 특수비행팀 블랙이글스의 지난한 역사는 전투기 부족으로 항공 전력 운용에 제한을 받을 수밖에 없었던 가난한 나라의 공군이 짊어져야 할 숙명이었다. 또 조원훈 소령과 김도현 대위의 잇따른 산화는 블랙이글스의 T-50B 체제를 앞당기는 결정적인 계기가 되었다.

초라한 출발

공군은 2007년 11월, 'T-50 특수비행 TF팀'을 발족했다. TF팀의 소속도 원주기지에서 광주기지로 변경했다. 2008년 1월, 원주기지 238전투비행대대의 이철희 중령은 후배 조종사 세 명(양은승 소령, 홍준현 대위, 장병욱 대위)과 홍보 요원 몇 명과 함께 이삿짐을 꾸렸다. 5톤 트럭 3대의 분량이 전부였다. 그리고 광주기지에 초라한 둥지를 틀었다.

2015년 1월, 53특수비행전대장에 취임한 이철희 대령은 당시를 이렇게 회고했다. "광주기지로 이사 가던 날, 눈이 엄청 내렸습니다. 당시 선배 전대장님께서 밖에 눈이 오니까 조심해서 내려가고, 가는 도중에 부하들과 따뜻한 점심이라도 함께 하라며 격려금을 주신 것을 지금도 잊지 않고 있습니다. 광주기지에서 더부살이로 출발했지만 조만간 블랙이글스의 화려한 비상을 기약하며 열심히 노력했습니다. 현재 세계의 주목을 받고 있는 블랙이글스를 생각하면 그 힘든 시기를 함께 극복하며 헌신했던 여러 후배들에게 정말로 미안하고 감사하다는 이야기를 꼭 전하고 싶습니다."

T-50 특수비행 TF팀은 2009년 2월까지 운영되다가 2009년 3월 2일 'T-50 특수비행팀'으로 정식 명칭 변경이 이루어졌고, 2009년 8월 21일 '239특수비행대대'로 승격했다. 이철희 중령이 초대 비행대대장으로 임명되었다. 그는 2008년 말까지 조종사 충원과 T-50으로의 기종 전환 훈련을 마무리하겠다는 계획을 세웠다.

난항

그러나 조종사 선발부터 난항을 겪어야만 했다. 블랙이글스 조종사가 되려면 비행 능력이 뛰어나야 하는데, 일선의 비행대대장들이 우수한 전투조종사들을 자신의 전투비행대대에 붙잡아두려고 했기 때문이다. 그는 공군작전사령부와 공군기지 차원의 협조를 구했고, 다행히 상급부대의 지휘관과 참모들이 블랙이글스의 입장을 충분히 이해하고 배려해준 덕분에 뛰어난 전투조종사들을 확보할 수 있었다.

2008년도부터 시작된 기종 전환 훈련도 만만치 않았다. 처음 1개월 동안은 지상 교육만 했다. T-50의 특성에 관한 전문 지식을 갖게 하기 위해 10권 이상의 두꺼운 교범을 통째로 외우도록 했다. T-50이 디지털 항공기인 만큼 엔진과 전기 계통과 전자 계통은 물론 이착륙 절차, 사출을 비롯한 항공기의 비상 처치 등도 새롭게 학습하게 했다. 비행대대장인 이 중령부터 앞장서서 열심히 공부하다보니 후배 조종사들도 군말 없이 그의 지시에 따랐다.

그는 지상 교육을 마친 조종사들에게 이착륙 훈련, 편대 비행, 계기 비행에 대한 강도 높은 훈련을 주문했다. T-50에 대한 블랙이글스 조종사들의 이착륙 능력이 어느 정도 숙달되자 다음 단계로 편대 비행 훈련을 시켰다. 2기 편대 비행부터 시작해서 4기, 6기, 8기 편대 비행까지 단계적으로 발전시켜 나갔다.

게다가 T-50에는 전방 조종석 앞부분에 '허드HUD, Head Up

Display(전방 표시 장치)'가 장착되어 있기 때문에 그것이 제공하는 정보를 재빠르게 분석하고 판단해서 비행에 적용하는 방법까지 새로 익혀야만 했다. 뱁새가 황새를 따라가는 고통이 한동안 이어지면서 블랙이글스 조종사들의 비행 기량도 일취월장했다.

그는 블랙이글스 조종사들이 T-50을 자유자재로 조종하는 단계에 이르자 본격적인 공중 기동의 연구와 실행을 지시했다. 그는 지상에서 후배 조종사들과 공중 기동 과목을 연구한 후, 그것을 공중에서 하나하나 시현해보며 디스플레이의 안전성, 멋, 난이도, 문제점 등을 치밀하게 체크했다. 또 임무 고도인 10,000피트(3,048m) 이상의 높은 상공에서 공중 기동을 실시한 후 별다른 문제가 없다고 판단되면 행사 고도와 비슷한 지점까지 내려와서 기동의 완성도를 점점 높여나갔다.

희망을 발견하다!

마침내 블랙이글스는 2009년 서울 ADEX에서 그동안 갈고 닦은 비행 기량을 수많은 관람객들에게 선보였다. 비록 광주기지에서 빌려온 T-50으로 에어쇼를 하는 처지였지만, 머지않은 장래에 세계적인 특수비행팀이 될 수 있다는 희망을 발견했다.

2010년 5월 27일은 블랙이글스 조종사들에게 영원히 잊을 수

| 광주기지에서 빌린 T-50으로 서울 ADEX에서 에어쇼의 한 기동을 선보이고 있다.

없는 날이다. 그날 최초로 에어쇼 전용항공기인 T-50B가 블랙이글스에게 인도되었기 때문이다. T-50B는 기존 T-50을 에어쇼에 적합하도록 개량한 항공기였다. 이때부터 매월 한 대씩 T-50B가 전력화되기 시작해서 2010년 11월 말까지 8대의 T-50B가 블랙이글스에게 인도되었다. 또 그와 비슷한 시기에 비행대대장 이·취임식도 있었다. 신임 비행대대장으로 박대서 중령이 임명되었다.

 2010년 12월 1일, 블랙이글스는 공군본부의 지시에 따라 8대의 T-50B를 이끌고 광주기지에서 원주기지로 이전했다. 특수비행팀의 훈련 여건이 광주보다 원주가 훨씬 더 나을 것이라는 판단에서다. 그리고 2011년 4월까지 2대의 T-50B가 블랙이글스에게 추가 인도됨으로써 T-50B의 전력화 사업도 마침표를 찍었다. 그때부터 세계를 향한 블랙이글스의 힘찬 날갯짓이 시작되었다.

마침내 블랙이글스는 2012년 6월부터 7월까지 계속된 영국의 와딩턴과 리아트 에어쇼에서 세계적인 특수비행팀들을 제치고 최우수상을 잇달아 수상했다. 공군사에 길이 빛날 눈부신 성과였다. 이는 블랙이글스의 잠재력을 믿고 전폭적인 지원을 아끼지 않았던 성일환 공군참모총장을 비롯한 공군본부 지휘부, T-50B 체제 안착을 위해 노심초사했던 광주기지 정경두 비행단장, 영국 에어쇼 참가를 위한 사전 훈련에 많은 관심과 애정을 쏟았던 원주기지 신익현 비행단장의 수고가 결집되었기에 가능했다. 게다가 영국 에어쇼에서 거둔 눈부신 성과에 대한 VIP와 국민들의 성원에 힘입어 블랙이글스는 2013년 4월 1일 239특수비행대대에서 53특수비행전대로 승격했다. 고진감래가 실현되는 행복한 순간이었다. 초대 53특수비행전대장의 영광은 최진순 대령에게 돌아갔다.

성공 법칙 35
블랙이글스 팀원들처럼 터파기 공사를 튼튼하게 하라!

상설팀 운영 18년 만에 세계 하늘을 제패한 것은 결코 우연이 아니다. 수많은 선배 블랙이글스 조종사들이 특수비행을 위한 기초 공사를 튼튼하게 해줬기 때문이다. 건설 현장에서는 시멘트와 철근이 기초 공사에 투입되지만 블랙이글스의 기초 공사에는 선배 조종사들의 눈물 어린 희생과 헌신까지 녹아들어가 있다. 시간이 좀 더 걸리더라도 기초 공사를 튼튼하게 하라. 그것만이 성공의 과실을 오랫동안 누릴 수 있는 최고의 비법이다!

36. 지역 주민들과의 대화

공군기지의 비행단장이나 53특수비행전대장이 부대 운영 이외에 심혈을 기울여야 하는 일은 기지 주변의 지역민들과 원활한 대민 관계를 유지하는 일이다. 가장 어렵고도 골치 아픈 과제 가운데 하나다. 잘해봐야 본전이기 때문이다. 그렇지만 지역민들과 소통하면서 그들과 팀워크를 만들어내야 하는 것 또한 그들의 주요 임무다.

공군기지가 존재하는 한, 소음 문제는 필연적으로 발생할 수밖에 없다. 또 소리는 속도의 영향을 많이 받기 때문에 전투기의 굉음이 여객기보다 더 큰 것도 사실이다. 따라서 각 공군기지는 지역민들의 소음 피해를 최소화하기 위해서 나름대로 많은 노력을 기울이고 있다.

소음과의 전쟁

전투기 소음을 막는 최선의 방법은 엔진 소음이 전혀 없는 무음無音 항공기를 개발하는 것이다. 그러나 항공 기술의 수준과 여건상 그런 항공기의 제작은 당분간 어려울 것 같다. 그렇다고 해서 마냥 손 놓고 기다릴 수만도 없는 노릇이다. 따라서 각 공군기지는 다양한 전략을 운용하고 있다.

첫째는 공군기지 주변의 지역민들이 편안하게 잠을 잘 수 있도록 전투기의 야간 운행 통제 시간, 즉 커퓨 타임Curfew Time 제도를 운용하고 있다. 전쟁이나 적의 무력 도발과 같은 긴급 사항이 아닌 경우, 밤 12시부터 이튿날 오전 5시까지는 전투기 이착륙을 금지하는 제도다. 야간 훈련을 비롯해서 전투기를 불가피하게 이착륙해야 할 상황이 발생하면 미리 양해를 구한다.

둘째는 각 공군기지별로 소음 방지 시설인 허쉬 하우스Hush House를 운영하고 있다. 허쉬 하우스는 전투기 엔진을 점검할 때 발생하는 소음이 주변으로 새어나가는 것을 막아주는 돔형 건물이다. 공군에 따르면 전투기 소음은 비행 중이나 이착륙 때보다 지상에서 엔진 점검을 할 때 가장 크게 발생한다고 한다. 따라서 공군기지는 허쉬 하우스 한 채당 약 30억 원의 돈을 투입하면서까지 소음 방지를 위해 노력하고 있다. 허쉬 하우스의 운영으로 135dB의 소음을 76.3dB까지 줄였다. 일상 대화할 때 발생하는 소음이 60dB이고, 시끄러운 공장 안의 소음이 90dB이라고 하니 그래도 소음을 크게 줄인 셈이다.

셋째는 비행경로와 전투기 이착륙 각도의 조정을 통한 소음 방지 노력도 계속하고 있다. 전투조종사들은 인구 밀집 지역을 피해가며 비행한다. 기체 결함에 따른 문제가 발생할 때 주민 피해를 최소화하고 소음을 조금이라도 줄여주기 위해서다. 또 대구기지는 F-15K의 이착륙 각도를 크게 설정한다고 한다. 이는 지상에서 빨리 이륙하고 착륙해야 소음을 크게 줄일 수 있기 때문이다.

지역 주민과의 갈등

이런 노력을 하고 있음에도 불구하고 공군기지와 지역민들 사이에 크고 작은 마찰이 계속되고 있다. 지역민들의 소음 피해 민원이 법적 분쟁으로 이어진 사례도 적지 않다. 실제로 어느 한 법무법인은 기지 주변의 지역민들에게 "소음 민원 제기와 함께 법적 소송을 하면 피해 보상을 받을 수 있다"라면서 공개사이트까지 운영하고 있는 실정이다. 왜 변호사들이 나서서 이런 일을 하는가? 이 해답을 찾는 건 어려운 일이 아니다.

얼마 전, ○○기지 주변의 지역민 26,700여 명이 전투기 소음에 따른 손해배상청구소송에서 승소했다. 대법원은 판결원금 511억 4천만 원과 지연이자(손해배상금 지급이 늦어질 경우 붙는 이자) 288억

2천만 원 등 총 799억 6천만 원을 주민들에게 지급하라고 판결했다. 그런데 이 소송을 맡은 최 모 변호사가 수임료로 364억 9천만 원을 챙겼다. 그것을 제외한 피해배상금을 지역민의 숫자로 나누면 1인당 160만 원 정도의 보상을 받은 셈이다. 과연 수임 변호사의 배만 불리는 이와 같은 식의 보상 방법이 사회적으로 정의로운 것일까? 이제 우리 모두가 재고해봐야 한다.

대부분의 공군기지가 처음 만들어질 때는 쓸모없는 변두리 지역이었다. 개발제한구역이었음에도 불구하고 각 지방자치단체가 앞장서서 개발을 부추겼고 신도시로 발전하면서 이제는 지역민들이 공군기지를 이전하라고 목소리를 높인다. 한마디로 "굴러온 돌이 박힌 돌을 빼내겠다"는 논리다. 이 대목에서 한 가지 묻고 싶은 게 있다. 전국에 산재한 공군기지 주변의 지역민들이 이런 식으로 들고 나온다면 향후 공군기지는 어디로 가야 하는가? 이제는 그들이 해답을 제시해야 한다. 국가안보를 위한 핵심 전략 자산인 전투기와 전투조종사를 이렇게 대접하고 비판해서는 곤란하다.

지역민들과의 팀워크는 지역 경제 활성화로……

2012년 영국 와딩턴, 리아트, 판버러 에어쇼를 보면서 영국인들이 참 부럽고 존경스럽다는 생각을 했다. 영국의 '레드 애로우즈'

는 지상에서 30m 상공을 날며 에어쇼를 한다고 한다. 그들이 에어쇼를 하는 항공기는 한때 우리 공군이 고등훈련기로 사용했던 호크기였다. 그것의 소음도 만만찮다. 그런데도 영국인들은 에어쇼를 위한 소음쯤은 기꺼이 이해해준다.

영국 에어쇼의 출전을 앞두고 블랙이글스 조종사들은 영국의 낯선 환경에 적응하기 위한 막바지 국내 비행 훈련에 돌입했다. 그러나 ○○기지 주변의 지역민들이 소음 민원을 제기하는 바람에 당초 계획한 비행 훈련도 제대로 소화하지 못하고 영국으로 날아가야만 했다. 그런 블랙이글스가 영국 에어쇼에서 최우수상과 인기상을 모조리 휩쓸고 귀국한 것이다.

최재혁 전 53특수비행전대장은 소음 문제와 관련해서 이런 말을 했다. "블랙이글스가 있는 원주기지는 그래도 지역민들께서 넓은 이해와 협조를 해주셔서 다행입니다. 부대 운영의 최고책임자가 지역민들을 수시로 찾아뵙고 애로 사항을 경청한 후, 공군이 협조하고 시정할 사항에 대해 즉각 조치해드린다면 소음 문제도 얼마든지 원만하게 해결할 수 있다고 봅니다."

사실 블랙이글스가 세계적인 특수비행팀으로 거듭날 수 있었던 데는 항공기 소음 문제를 참아주었던 원주 시민들의 배려와 후원도 한몫했다. 그런 점에서 원주 시민들은 영국인 못지않은 위대한 국민들이다. 블랙이글스도 이제는 원주 시민들에게 무언가를 보답할 수 있어야 한다. 블랙이글스의 명품 에어쇼가 국민들의 사랑을 독차지함으로써 원주를 에어쇼의 메카로 만들었으면 좋겠다.

또 블랙이글스를 모토로 캐릭터와 관련 상품을 개발하고 그것을 볼거리와 느낄 거리, 그리고 먹거리로 연계해 지역 발전과 지역 경제 활성화의 출구로 만들어야 한다. 그것이 블랙이글스와 원주 시민들이 상생 발전할 수 있는 최선의 전략이다.

또 원주 시민들도 블랙이글스 조종사들의 깊은 마음을 이해하고 보듬어주셨으면 한다. 블랙이글스 조종사들은 플랫 쇼나 로우 쇼보다는 하이 쇼를 선호한다. 그 이면에는 일단 T-50B가 높게 떠서 에어쇼를 하면 원주 시민들에게 소음 피해를 조금이라도 더 줄여줄 수 있다는 생각도 자리 잡고 있다.

이제 블랙이글스에게 또 다른 특명을 내리고 싶다. 블랙이글스의 에어쇼를 보기 위해 수많은 사람들이 원주를 수시로 찾아오도록 하는 데 힘써주길 바란다. 그로 인해 원주 시민들의 생업이 크게 활성화되고 원주의 이미지가 크게 제고되는 데 블랙이글스가 기여했으면 한다. 그와 같은 일련의 선순환적 과정을 통해 "블랙이글스의 존재로 원주가 떴다"라는 말이 원주 시민들의 입에서 나오길 기대한다. 원주 시민들과 블랙이글스의 팀워크! 그것이야말로 향후 블랙이글스가 지향해야 할 최고 수준의 팀워크다.

성공 법칙 36
블랙이글스 팀원들처럼 분복을 실천하려고 노력하라!

분복(分福)은 복을 나눠 갖는 것을 말한다. 독식은 패가망신의 첩경이다. 이익이 생기면 그것을 나눌 수 있는 아량과 배포를 지녀야 한다. 지역민들의 소음 피해를 줄여주기 위해 온갖 노력을 다하는 공군의 노력을 벤치마킹하라! 성공이 성큼 다가오고 있음을 느끼게 될 것이다.

37. 극한의 직업

블랙이글스의 에어쇼 가운데 단기 기동은 23번째 기동 '막스 머뉴버'뿐이다. 나머지는 2대부터 8대가 함께 하는 기동이다. 어떤 의미에서 블랙이글스의 에어쇼는 공중에서 하는 카드섹션이다.

카드섹션에서 어느 한 사람만이라도 자기 역할을 다하지 못하면 이빨 빠진 모습이 되어 보기 흉하다. 블랙이글스의 에어쇼도 마찬가지다. 8대의 T-50B가 동시에 다이아몬드 대형으로 날아가는 모습은 환상적이지만, 8대 중 6~7대의 T-50B만 다이아몬드 대형을 보인다면 그것은 아주 볼품없는 모습으로 전락할 것이다.

더구나 블랙이글스 조종사는 8명의 고정 멤버로 구성되어 있고 항공기 또한 고유 넘버별로 할당되어 있다. 따라서 어떤 경우에도 자신의 역할에 대해서는 조종사 본인이 무한책임을 져야 한다. 물론 훈련조종사가 1~2명 있지만 그들은 특수비행자격을 취득한 상황이 아니기 때문에 에어쇼 임무에 대리로 투입될 수 없다. 따라서 조종사들은 중대한 질병이나 가족의 사망과 같은 긴급사항이 아니라면 반드시 비행에 참여해야 한다.

1번기를 조종하는 리더에게는 더 막중한 책임이 따른다. 리더가 비행을 할 수 없으면 에어쇼 자체가 취소된다. 에어쇼는 반드시 리더의 지휘 아래 이루어지기 때문이다. 그런 의미에서 리더는 다른 조종사들보다 훨씬 더 자기관리에 철저해야 한다.

블랙이글스 5번기를 타고 싱크로 역할을 맡았던 고대협 소령은 그와 관련해서 의미심장한 이야기를 했다. "어떤 이유에서건 블랙이글스 조종사가 에어쇼를 위한 사전 비행 훈련이나 에어쇼 당일 날 함께 날지 못한다면 그는 역적 행위를 한 것이나 마찬가지입니다. 누가 특별히 그런 이야기를 하는 것은 아니지만 본인 스스로 그런 생각을 갖게 됩니다. 저도 4년 1개월 동안 음식을 잘못 먹어서 장염에 걸리는 바람에 딱 두 번 비행을 하지 못했습니다. 그 당시 동료 조종사들에 대한 미안함과 자기관리에 실패했다는 자책감으로 며칠 동안 힘든 시기를 보내야만 했습니다."

금기 종목

전투조종사들 중에는 유독 과격한 운동을 좋아하는 사람이 꽤 많다. 그러나 블랙이글스 조종사들에게 축구는 금지된 운동 종목이다. 만에 하나 축구를 하다가 다리라도 다칠 경우, 오랫동안 에어쇼를 할 수 없기 때문이다. 지금까지는 그런 일이 일어나지 않았지만, 만약 축구를 하다 다치는 블랙이글스 조종사가 나온다면, 그는 십중팔구 퇴출 명령을 받게 될 것이다.

따라서 에어쇼나 비행 훈련을 마친 블랙이글스 조종사들이 주로 찾는 곳은 헬스장이다. 또 그들이 즐겨하는 운동은 근력을 키우는 운동과 심폐 기능을 강화하는 유산소 운동이다. 왜냐하면 비행 중 자기 몸무게의 5~8배에 이르는 중력가속도를 받으면 머리에 있던 피가 아래로 쏠리는데 복부, 하체, 엉덩이의 근육을 꽉 잡아주면 피가 더 이상 아래쪽으로 쏠리지 않기 때문이다.

주말이나 휴일은 블랙이글스 지휘부와 조종사들이 함께 모여 골프를 즐기기도 한다. 골프는 잔디밭을 함께 걸으면서 오랜 시간 동안 밀린 대화를 나누거나 평소 하지 못했던 이야기를 할 수 있다는 장점이 있다. 또 축구와 달리 운동 중 다칠 우려가 상대적으로 적은 운동이다. 그러나 골프를 즐기는 빈도는 그리 높지 않다. 대부분의 에어쇼가 주말과 일요일에 집중되어 있기 때문이다.

술, 담배 같은 기호식품도 알아서 자제하거나 끊는 분위기다. 집안의 평화와 가족 건강은 물론이고 조종사 개인의 비행 생활에 나쁜 영향을 끼치기 때문이다. 전투조종사나 블랙이글스 조종사들은 반드시 비행군의관이 검식관으로서 먼저 식사를 마친 다음에야 식사를 할 수 있다. 이는 상한 음식이 제공되는 것을 사전에 차단함으로써 조종사를 보호하기 위한 부대 내 안전조치다.

물론 민항기 조종사에 비해서는 덜 까다로운 편이다. 민항기 조종사의 경우, 기장과 부기장은 같은 음식을 먹을 수 없도록 규정하고 있다. 같은 기내식이지만 기장은 비빔밥을 먹고, 부기장은 꼬리곰탕을 먹게 하는 식이다. 같은 음식을 먹었다가 두 사람 모두 식중독에 걸릴 경우에는 비행에 차질이 생기는 것은 물론이고 승객의 안전까지 크게 위협받을 수 있기 때문이다.

애처가

가족들의 정서적인 교감도 신경 쓰는 대목이다. 조종은 육체적인 것 못지않게 심리적인 안정이 요구되는 분야이다. 일반적으로 블랙이글스 조종사들은 정시 퇴근을 하는 편이다. 육아에 지친 아내들을 도와주기 위해서다. 그들은 평소 주말과 휴일에 에어쇼를 하는 관계로 집을 비우는 경우가 많기 때문에 아빠나 남편 노릇을 제대로 할 수 없음을 안타깝게 생각한다. 그래서 퇴근 후엔 조금이라도 가족들과 오붓한 시간을 가지려고 노력한다.

블랙이글스 조종사 아내는 보통의 아내가 겪지 않아도 될 심리적 불안을 안고 살기에 조종사의 아내 사랑은 각별하다. 어쩌면 오늘이 아내와의 마지막 날일지도 모른다는 애틋한 생각 때문은 아닐까? 그래서 그런지 블랙이글스 조종사 중에 애처가가 많다.

극한의 직업

블랙이글스 조종사는 오로지 하늘이 허락해준 사람만이 할 수 있는 극한의 직업이다. 많은 국민들과 어린이들에게 에어쇼를 보여준다는 일념 하나로 철저한 자기 절제를 실천한다. 또한 권한보다 의무 사항이 훨씬 더 많은 힘든 생활을 묵묵히 받아들이며 자신이 맡은 임무 수행을 위해 최선을 다한다. 다른 전투조종사보다 월급을 더 받는 것도 아니고, 그렇다고 진급 상의 혜택이 보장된 것도 아니다. 어찌 보면 아플 권리조차 주어지지 않는 자리가 바로 블랙이글스 조종사라는 직책이다.

그러나 자신이 정말로 좋아하는 일이기에, 또 목숨을 걸면서까지 해내고 싶은 숭고한 일이라고 생각하기에 그들은 험난한 블랙이글스 조종사를 기꺼이 선택했다. 그들의 그런 순진무구한 삶의 자세와 강력한 팀워크 정신이 살아있기에 블랙이글스가 T-50B 체제로 팀을 구성한 지 4년 만에 세계적인 특수비행팀으로 발돋움할 수 있었던 것이다.

성공 법칙 37
블랙이글스 팀원들처럼 때로는 순진무구한 모습으로 정진하라!

때로는 이해관계를 떠나서 순진무구한 자세로 도전할 필요가 있다. 고 정주영 현대그룹 회장이 돈만 벌려고 기업을 운영한 게 아니다. 그는 자신의 회고록에서 "일하는 게 좋아서 열심히 하다 보니 돈도 많이 벌었고 기업도 세계적인 수준으로 일궈냈다"고 밝힌 바 있다. 그의 기업가 정신을 본받고 실천한 사람들이 다름 아닌 블랙이글스 조종사들이다. 이제는 우리 청춘들도 블랙이글스 조종사들의 순진무구함을 벤치마킹하라!

38. 못다 한 이야기

2014년 싱가포르 에어쇼는 블랙이글스가 두 번째로 참가한 국제 에어쇼이다. 9대의 T-50B가 3대의 C-130H의 길 안내를 받으며 5,400km라는 머나 먼 하늘 길을 페리 비행으로 날아가 새로운 공군 역사를 써 내려간 엄청난 사건이었다. 블랙이글스는 전대미문의 페리 비행을 통해 T-50B의 뛰어난 장거리 순항 능력, 안전성, 기동성을 전 세계에 널리 홍보하고 안전하게 귀환했다.

블랙이글스의 첫 해외 페리 비행은 세계 최초로 대서양 단독 횡단 비행에 성공한 찰스 린드버그Charles Lindbergh(1902~1974)를 떠올리게 한다. 그가 탑승한 비행기는 1927년 5월 20일 오전 7시 52분 뉴욕 커티스 비행장 활주로를 이륙한 지 33시간 30분 만에 5,800km나 떨어진 파리 르부르제 공항에 도착했다. 그는 항공유를 조금이라도 더 싣기 위해 낙하산까지 포기했다. 이는 죽음을 각오하고 비행에 나섰음을 시사해준다.

찰스 린드버그가 우리에게 가르쳐준 것은 두 가지다. "삶은 저지르는 사람의 몫이다." 그리고 "도전하지 않는 사람은 진정한 승리를 맛볼 수 없다." 바로 이런 정신이다. 블랙이글스 팀원들은 찰스 린드버그가 보여준 모험과 도전 정신을 그대로 재현한 주인공이다. 팀워크를 바탕으로 한 그들의 거침없는 도전이 있었기에 세계인들은 대한민국 특수비행팀의 실체를 알게 되었고 영국 교민들과 싱가포르 교민들은 행복한 추억을 안고 당당하게 살아갈 수 있게 되었다. 영국 및 싱가포르 에어쇼와 관련된 몇 개의 편린들을 따로 모아서 정리해본다.

못다 한 이야기 1

T-50B의 싱가포르 페리 비행을 지원했던 김해기지의 전인석 대령도 그동안 숨겨놓았던 이야기 하나를 꺼냈다. 2014년 1월 6일, 전 대령에게 임무 하나가 하달되었다. C-130H로 2014년 싱가포르 에어쇼에서 T-50B가 사용할 스모크 오일 20드럼을 창이 공항까지 수송하라는 것이었다.

그로부터 한 달이 지난 2월 6일 오후, 싱가포르 창이 공항에 도착한 그는 20드럼의 스모크 오일을 그곳에 내려놓으려고 했다. 그러나 창이 공항 측은 안전상을 이유로 그것의 하역을 거부했다. 그는 싱가포르 한국 대사관에 파견 나와 있던 해군 무관에게 자초

지종을 설명한 다음, 군 공항에 하역할 수 있도록 도와달라고 요청했다. 그러나 싱가포르 군 공항 역시 "스모크 오일이 안전물질이라는 국제적인 확증이 없다"면서 거부의사를 밝혔다.

귀국 시점은 점점 다가오는데 참으로 난감한 일이었다. 블랙이글스에게 "2014년 싱가포르 에어쇼에 참가해 달라"는 러브콜을 보낸 사람들이 이렇게 비협조적인 태도로 일관하는 것을 보고 야속하다는 생각마저 들었다. 그는 직속상관인 김해기지의 김재범 비행단장에게 현장 상황을 보고하고 해결책을 모색해달라고 부탁했다.

김재범 장군이 이 사실을 공군본부 군수참모부에 알리면서 해결의 실마리를 찾기 시작했다. "스모크 오일이 안전한 물질이라는 것을 대한민국 공군이 보증한다"는 서류를 작성한 후, 싱가포르 주재 해군 무관에게 긴급 타전한 것이다. 또 그가 해당 서류를 갖고 싱가포르 국방부를 찾아가 협조 요청을 하자 비로소 스모크 오일에 대한 하역 허가가 나왔다. 전 대령은 그것을 창이 공항의 블랙이글스 주기장에 내려놓고 무사히 귀국했다. "지금은 웃으면서 말할 수 있지만, 그때 제 마음은 마치 뜨거운 화염 속에서 타들어가는 느낌이었습니다." 싱가포르 에어쇼를 3색 컬러 스모크로 화려하게 장식할 수 있었던 데에는 김해기지의 숨겨진 노고가 있었음을 잊지 말아야 한다. 이런 게 공군이 자랑하는 팀워크의 본질이다.

l 홍보 부스에서 블랙이글스 조종사들이 관람객에게 사인을 일일이 해주고 있다.

못다 한 이야기 2

명마名馬는 저절로 탄생하지 않는다. 여러 경주마 대회에 출전해서 우승 실적을 쌓아야 비로소 명마로 대접받을 수 있다. 명품 항공기도 마찬가지다. "한국이 만든 T-50계열 항공기(T-50, TA-50, FA-50)가 세계 최고입니다"라고 백번을 자랑하는 것보다 국제 에어쇼에 출전해서 단 한 차례 우승하는 게 훨씬 낫다.

2014년 싱가포르 에어쇼 현장에서 그것을 입증해주는 반가운 일이 있었다. 필리핀 국방부 관계자가 싱가포르 주재 자국 무관을 대동하고 KAI의 홍보 부스를 찾아와서 FA-50 전투기 12대의 구매 계약을 체결한 것이다. 금액만도 4억 2천만 불에 해당하는 큰 규모였다. 그는 구매 계약서에 날인하기 직전, 공군과 KAI 측 관계자의 도움을 받으며 T-50의 시뮬레이터에 탑승해서 조종간을 잡아보고 크게 만족했다고 한다.

필리핀 국방부가 단순히 KAI의 홍보 브로슈어만 보고 FA-50 전투기를 구매하지는 않았을 것이다. 그들은 영국 에어쇼에서 블랙이글스의 선전을 지켜보았고, 장거리 페리 비행으로 싱가포르까지 날아와서 환상적인 에어쇼를 하는 T-50B를 주시한 후 구매 결정을 했던 것이다. 당초 2014년 싱가포르 에어쇼 참가를 내켜하지 않은 KAI에는 커다란 행운이 덩굴째 굴러들어온 격이었다. 그 이면에는 블랙이글스 조종사들과 지상 근무 요원들의 노력과 헌신도 한몫했음을 잊지 말아야 한다.

못다 한 이야기 3

블랙이글스 조종사들은 에어쇼를 마친 다음, 팬 사인회를 개최했다. 그런데 4일 동안 1만 명이 넘는 관람객들이 블랙이글스 홍보 부스로 몰려드는 바람에 한류스타들의 팬 사인회가 부럽지 않았다.

블랙이글스 홍보과장 박란 대위는 "블랙이글스 조종사들을 가까이에서 만나고 그들의 사인을 받고 함께 인증 샷을 찍으며 기뻐하는 외국인들을 바라보면서 그동안 2014년 싱가포르 에어쇼를 준비하면서 힘들었던 모든 기억들을 한꺼번에 날려 보낼 수 있었다"고 말했다.

또 항공 촬영을 전담한 편보현 상사는 이탈리아 특수비행팀을 응원하기 위해 에어쇼 현장을 찾은 어느 부부와의 인연을 소개했다. 편 상사가 블랙이글스의 에어쇼 장면을 찍기 위해 600mm짜리 망원렌즈와 카메라를 가지고 에어쇼의 시작을 기다리는데 그 이탈리아 부부가 다가왔다. 그리고 편 상사에게 "그 카메라를 한번 봐도 되겠냐?"고 묻기에 그것을 한참 동안 구경시켜주었다. 그런데 에어쇼가 다 끝난 뒤, 그들 부부는 편 상사에게 재차 다가와서 "오늘 당신네 나라 블랙이글스의 에어쇼가 제일 훌륭했다"면서 함께 기념사진을 찍자고 제안했다는 것이다. 그때 편 상사는 자신이 입고 있던 블랙이글스의 검은색 행사복이 무척 자랑스러웠다고 고백했다.

블랙이글스는 23억 3,600만 원의 국가 예산을 투입해서 4억 2천만 불의 FA-50 전투기의 구매 계약을 체결할 수 있도록 도왔고, 미래의 잠재 고객들에게 국산 항공기의 우수성을 널리 홍보하는 데 성공했다. 또 대한민국에 대해 우호적인 생각을 갖는 친한파 외국인 1만 명을 새롭게 확보하고 해외 교민들의 자긍심 함양에도 크게 기여했다. 더욱이 블랙이글스는 핵무기를 비롯한 비대칭 전력으로 남북한 사이의 긴장 국면을 조성하는 데 열중하는 북한의 군부에 우리 공군 조종사들의 비행 기량이 세계적인 수준에 도달했음을 보여줌으로써 섣부른 불장난을 막을 수 있는 시그널까지 보내주었다.

성공 법칙 38
블랙이글스 팀원들처럼 순수한 마음으로 남을 도와줘라!

세계에 국산 초음속 항공기를 홍보해주는 일등 공신은 블랙이글스 조종사들이다. 그런데도 그들은 항공기 제작사인 KAI 측한테서 어떠한 대가도 받지 않는다. 앞으로 KAI는 블랙이글스의 해외 에어쇼 참가 때, 적극적인 예산 지원으로 화답할 것이다. 남을 도울 때, 블랙이글스 조종사들처럼 조건을 따지지 말고 순수하게 도와줘라. 도움 받은 사람은 훗날 더 큰 협조자로 다가올 것이다. 그러니 남을 돕는 데 절대로 인색하게 굴지 마라.

39. 유감

요즘 우리 사회를 보면 사실과 다르게 이야기하는 사람들이 꽤 많다. 특히 사회적 명성을 갖고 있는 작가, 정치인, 대학교수, 각계 전문가란 분들이 사회 현상과 사물에 대한 진단을 잘못할 경우, 선순환적 사회 발전과 국민대통합은 기대하기 어렵다. 또 자신의 의지와는 무관하게 그들한테서 비판을 당한 사람들은 명예 훼손을 당하는 것은 물론 사기 저하까지 초래될 수 있다. 블랙이글스도 그런 문제에서 자유롭지 못했다.

유감 1

2014년 7월, 모 일간지에 오피니언 리더인 B씨의 칼럼이 게재되었다. 그는 거기에서 다음과 같이 주장했다.

"……(중략)…… 올해 공군은 국제 에어쇼에 공군이 자랑하는 블랙이글스팀을 파견하는 데 목숨을 걸었었다. 100억 원대 예산이 투입되고 총장이 직접 현장으로 날아갔다. 지금 육해공군을 보면 '군이 저런 것까지 해야 하나?'라는 의문이 들 정도로 이상한 노력을 한다. ……(중략)…… 그 대신 총장들은 안 해도 되는 일, 엉뚱한 일, 과시하고 폼 잡는 데 목숨을 건다. 군 상부구조에서 벌어지는 이런 현상은 각 군이 자신의 위신을 높이는 홍보에 엄청난 자원이 투입되는 걸 의미한다. 지금 군은 적과 싸우는 전쟁이 아니라 자기 조직의 위신을 높이는 '홍보 전쟁'을 수행중이다."

그 칼럼은 블랙이글스를 사랑하는 수많은 팬들의 마음을 불편하게 했다. 블랙이글스에 대한 또 다른 오해를 불식하기 위해서 몇 가지 사항을 지적해본다.

첫째, 2014년은 싱가포르 에어쇼가 개최된 해였다. 블랙이글스는 에어쇼 주최 측의 초청을 받고 페리 비행으로 싱가포르 창이 공항까지 직접 날아갔다. 2012년에는 분해한 9대의 T-50B를 화물기에 싣고 영국 에어쇼에 참가했기 때문에 약 70억 원의 수송비가 추가로 소요되었다. 물론 그 비용은 KAI가 전액 부담했다. 싱가포르 에어쇼 때는 페리 비행으로 갔기 때문에 별도의 수송 비용이 들지 않았다. 또 싱가포르 에어쇼 참가 예산은 100억 원대가 아니라 23억 3,600만 원이었다.

둘째, 그는 참모총장이 에어쇼 현장인 싱가포르까지 갔다고 비판했다. 그것은 비판의 대상이 될 수 없다. 2014년 싱가포르 에어쇼 참가는 단순한 참가가 아니었다. 9대의 T-50B와 3대의 C-130H 등 총 12대의 항공 전력이 5,400km를 날아가며 장거리 항법 비행과 해외 전개 능력을 점검하는 비행 훈련도 겸한 것이었다. 그런 역사의 현장에 최고지휘관이 찾아가서 부하들을 격려하는 것은 당연한 일이다.

셋째, 블랙이글스의 에어쇼는 적과 싸우는 전쟁이 아니기 때문에 안 해도 되는 일, 엉뚱한 일, 과시하는 일이라고 주장했다. 블랙이글스의 에어쇼가 안 해도 되는 일이고 엉뚱한 일인가? 그렇다면 항공 선진국들이 특수비행팀을 만들어 에어쇼를 펼치는 이유는 무엇인가? 또 8명의 블랙이글스 조종사들이 자신의 목숨을 걸고 에어쇼를 펼치는 이유는 무엇인가? 그들이 할 일이 없어서 특수비행팀을 만들고 에어쇼를 하는 것인가? 적과 싸우는 전쟁이 꼭 적진 상공에 침투해서 폭탄을 투하하고 공중전을 벌이는 게 전부인가?

아니다. 블랙이글스의 에어쇼는 공군력의 대외 과시가 주된 목적이다. 최고의 전략은 적의 전쟁 의지를 사전에 꺾어놓음으로써 전쟁을 일으키지 못하도록 하는 데 있다. 그들의 에어쇼는 잠재적인 적대 세력에게 "함부로 경거망동을 하지 마라"는 강력한 경고 메시지를 보냄으로써 전쟁 억제에 크게 기여한다. 또 그들의 에어쇼는 국민들에게 군에 대한 믿음과 신뢰를 안겨주는 주요 행사다.

즉 국가가 위기에 처했을 때에 민·관·군이 힘을 합쳐 외부의 적과 맞서 싸울 수 있는 팀워크를 구축하는 성스러운 작업이다. 과거 충무공 이순신 장군도 "비록 전투는 군인이 하지만 전쟁은 백성들과 함께 해야 승리할 수 있다"고 말했다. 블랙이글스 조종사들은 이순신 장군의 위대한 국민대통합 정신을 실천하기 위해 오늘도 '신념의 조인'으로 하늘을 나는 것이다.

유감 2

블랙이글스의 팬들에게 유감스런 일은 2014년 10월에도 계속되었다. 사회지도층 인사 C씨가 오해를 사기에 충분한 발언을 했다. 그는 "공군이 자신을 홍보하기 위해 영국 에어쇼에 참가해서 115억 원의 국가 예산을 낭비했다"고 주장했다. 또 C씨는 에어쇼의 모든 참가 예산은 방위사업청 방위력 개선비로 편성되고 있으며, 우리 방공 식별 구역 안에서 주변국의 항공기들이 우리 공군을 농락하고 있는데도 공군은 싱가포르 에어쇼와 주하이 에어쇼에 블랙이글스팀을 파견하려고 목숨을 걸고 있다고 비판했다. 그러면서 이제는 홍보에만 몰두하지 말고 기본 임무에 충실한 공군으로 거듭나야 한다고 주장했다. C씨의 이야기 또한 사실과 다르다.

첫째, 2012년 영국 에어쇼 참가 예산은 총 123억 5,900만 원이

| 블랙이글스의 태극 기동을 보며 아낌없는 환호와 박수갈채를 보내는 싱가포르 교민들.

 었다. 이 중 KAI가 71억 5,000만 원, 방위사업청이 46억 7,900만 원, 공군이 5억 3,000만 원을 각각 부담했다. 그런데도 그는 블랙이글스가 115억 원의 국가 예산을 낭비했다고 주장했다.
 둘째, 영국 교민에게는 자긍심을, 유럽인에게는 '코리아'의 긍정적인 이미지를, 적대 세력에게는 막강한 공군력을 과시하며 영국 하늘을 제패한 블랙이글스가 에어쇼 참가 예산으로 사용한 46억 7,900만 원을 낭비로 몰아 부칠 수 있는가에 대한 의문이다. 블랙이글스가 거둔 빛나는 성과는 돈으로 환산할 수 없을 만큼 고귀한 가치였다. 설령 환산한다고 해도 46억 7,900만 원보다는 월등히 클 것이다.
 셋째, 그의 분별없는 발언은 "적에겐 전율을, 국민에겐 충성을" 다짐하며 지금 이 순간에도 애기에 오르고 있을 수많은 공군 조종사들의 사기를 저하시켰다. 우리 방공 식별 구역 안에서 공군이 농락당한 일이 무엇인가? 또 그런 생각이 든다면 C씨부터 공군의 FX, KFX 사업이 하루 빨리 앞당겨질 수 있도록 적극적으로 노력해주길 바란다.

넷째, 블랙이글스는 해외 에어쇼 참가를 위해서 목숨을 걸지 않는다. 일류 가수가 동네 가요 콩쿠르에 나가려고 안달하는 경우를 본 적이 있는가? 이미 블랙이글스는 2012년을 기점으로 세계적인 특수비행팀이 되었다. 싱가포르 에어쇼는 주최 측에서 러브콜을 보내왔기에 참가한 것이고, 주하이 에어쇼도 중국이 참가 요청을 해서 준비했다가 기술 유출을 우려한 미국 항공기 제작사 측의 반대로 무산된 것뿐이다.

끝으로 공군은 이미 기본 임무에 충실한 군대다. 공군이 40년 가까이 된 노후 전투기를 어떻게 정비하고 관리하는지, 공군이 비행 안전을 위해서 어떤 안전 관리 시스템을 갖추고 어떻게 노력하는지, 사회지도층 인사들부터 현장 확인을 제대로 해주길 바란다. 공군과 블랙이글스를 비판하는 일은 그 이후에 해도 늦지 않다.

성공 법칙 39
블랙이글스 팀원들처럼 세상을 정직하게 바라보라!

세상을 혼란과 무질서로 만드는 원흉은 끝없는 왜곡과 거짓 주장이다. 그것을 즐기는 사람들의 공통점은 우리 사회의 아웃사이더라는 점이다. 그 이유는 간단하다. 왜곡을 일삼는 자들의 주위에는 사람들이 모여들지 않기 때문이다. 주변에서 도와주는 사람이 없는데 어떻게 성공할 수 있는가. 성공은 긍정적인 자세로 세상을 살아가는 사람에게 미소를 던지는 속성이 있다. 그러니 늘 정직과 친구하라.

40. 공식 명칭

　이름은 다른 것과 구별할 목적으로 사람, 사물, 단체 등에 붙여서 부르는 말이다. 또 이름이 주어짐으로써 의미를 갖게 되고, 의미가 있음으로써 존재의 가치를 지니게 된다. 그래서 이름이 중요한 것이다. 많은 사람들이 본인이나 후손의 이름 하나를 잘 짓기 위해 돈과 시간을 들여가며 좋은 작명소를 찾아 헤매는 수고를 아끼지 않는 것도 그 때문이다.
　전통 사회에서 한국인의 이름은 한 개가 아니었다. 부모는 아이가 태어나면 '아명'을 지어줬다. 대부분은 고유어로 짓는데 개중에는 천박하게 짓는 경우도 있었다. 천한 이름일수록 역신의 시기를 덜 받기 때문에 장수한다는 천명장수의 믿음에서 비롯된 것이다. '개똥이', '또갑이', '끝뚱이' 같은 이름들이 그래서 지어졌다. 한편, 아이가 홍역을 치르고 생존 확률이 높아지면 가문의 족보에 올릴 정식 이름을 지어준다. 즉 호적 이름을 짓는 순간부터 아명은 점차 사용되지 않는다.

기업들의 이름도 마찬가지다. ㈜럭키금성은 LG로, ㈜선경는 SK로 바꿨다. 잘 나가는 기업들이 이름을 바꾼 이유는 무엇일까? ㈜럭키금성은 소비자들에게 '럭키'라는 단어가 '행운만 바라는 기업'이라는 이미지를 준다는 우려를 불식하고 미래를 향한 도전 정신을 고취할 목적에서 과감하게 회사 명칭과 로고까지 바꿨다. LG라는 이름과 LG 로고는 그렇게 해서 세상 빛을 보게 된 것이다.

 ㈜선경의 개명은 LG보다 더 시급한 문제였다. 많은 외국 바이어들이 선경을 "Sunk Young"이라고 발음했다. 그런데 'Sunk Young'은 '침몰한 젊은이'가 아닌가? 결국 작고하신 고 최종현 회장의 지시로 ㈜선경은 SK로 거듭 날 수 있었다. 최 회장은 "침몰한 젊은이의 이미지로는 글로벌 기업이 될 수 없다"고 판단한 것이다.

 요즘에는 기업들도 자사의 이미지 개선과 계열사 간의 팀워크 증진, 미래에 대한 도전 정신을 고취할 목적에서 회사 명칭을 바꾸는 경우가 종종 있다. 또 공교롭게도 회사 이름을 바꾼 기업들이 한창 잘 나가고 있다.

명칭의 변천사

 공군 특수비행팀의 명칭도 예외는 아니었다. 오늘날까지 변천에

변천을 거듭해왔다. 1953년 10월 1일, 한국 공군 최초로 특수비행을 시작한 4대의 F-51D는 공식 명칭도 갖지 못한 채, 1954년까지 두 차례의 에어쇼를 펼쳤다.

1956년 공군 특수비행팀은 제트 훈련기로 도입한 4대의 T-33A로 특수비행을 시작하면서 처음으로 '쇼 플라이트팀'이라는 공식 명칭을 사용했다. 그리고 이것은 1959년 특수비행 임무를 제트전투기인 F-86F에 넘겨줄 때까지 계속 사용되었다.

공군은 1959년 수원기지에서 4대의 F-86F를 기본 편대로 하는 특수비행팀 '블루세이버'를 창설했다. 블루세이버는 파란 하늘의 이미지를 고려한 '블루'와 F-86F 전투기의 명칭을 딴 '세이버'를 결합한 것이다. 특수비행팀 블루세이버는 1966년까지 수원기지와 대구기지가 번갈아가며 에어쇼를 선보였다. 1959년, 1960년, 1961년, 1963년에는 수원기지가 '블루세이버'를 구성해서 에어쇼를 했다. 그리고 1962년, 1964년, 1965년, 1966년에는 대구기지가 그 역할을 맡았다.

1967년에 들어오면서 특수비행팀의 명칭이 또 다시 바뀌게 된다. 에어쇼에 투입될 항공기가 F-86F에서 F-5A로 바뀌었기 때문이다. 항공기가 아음속 전투기인 F-86F에서 초음속 전투기인 F-5A로 대체되었기 때문에 블루세이버라는 공식 명칭을 더 이상 사용할 수 없었다.

| 블랙이글스의 마크.

'Black Eagles' 의 등장

1967년 공군은 특수비행팀의 공식 명칭을 '블랙이글스'로 변경했다. 이것을 결정하는 데 가장 크게 공헌한 주인공은 당시 특수비행팀의 편대장으로 활약한 한영규 중령과 강민수 대위였다. 그들은 항공기가 F-5A로 바뀐 만큼 특수비행팀도 내부 혁신을 도모해야 한다고 생각했다. 그 첫 번째 과제로 특수비행팀의 공식 명칭부터 바꾸자고 주장했다. 팀 명칭에 공군의 특성과 상징성을 함축하면서 강한 공군의 이미지를 담아야 한다는 전제조건 아래 열띤 토론을 벌였다. 그렇게 해서 탄생한 것이 복수 개념의 '검수리들Black Eagles'이었다. 복수로 표기한 이유는 에어쇼에 등장하는 항공기가 6대였기 때문이다.

그런데 1974년부터 1975년까지 2년간은 특수비행팀의 공식 명칭이 블랙이글스에서 '이글스Eagles'로 바뀐 것으로 보인다. 그들이 발간한 공식 팸플릿을 보면 이글스로 나오기 때문이다. 그러나 당시 블랙이글스 조종사들의 증언에 따르면 그것은 무시해도 좋을 것 같다. 공군본부 지휘부에서 특수비행팀의 편대 호출 부호를 우리말로 부를 것을 지시함에 따라 '독수리 원', '독수리 투'로 호출하는 과정에서 그렇게 된 것으로 보인다. 암튼 1976년에 들어오면서 특수비행팀의 공식 명칭은 이글스에서 다시 블랙이글스로 돌아왔다.

2012년이 되면서 블랙이글스는 또 다른 변화를 겪는다. 영문 팸플릿이나 해외 에어쇼에서는 'Black Eagles'라는 표현을 쓰고, 한국에서는 '블랙이글'을 쓰도록 한 것이다. 이는 블랙이글이 블랙이글스보다 단호하고 명확하게 들릴 수 있다는 취지에서다. 그 이후로 우리 사회에서는 Black Eagles와 블랙이글이 혼용되고 있는 상태다.

좀 더 많은 중지가 모아지길 기대하며······

2012년 공군본부 지휘부가 "국내에선 특수비행팀의 공식 명칭은 블랙이글로 한다"라고 결정한 데는 일면 이해되는 측면이 있다. '~스' 발음은 뭔가 김이 빠지고 늘어지는 듯한 느낌을 준다. 그런데 에어쇼는 처음부터 끝까지 손에 땀을 쥐게 하는 스릴과 긴장감이 생명이다. 그런 측면에서 바라볼 땐, 블랙이글스보다는 블랙이글이 훨씬 더 마음에 와 닿는다. 블랙이글이 끊어지는 맛과 단호한 느낌을 갖게 하기 때문이다.

그러나 Black Eagles의 열혈팬들은 국내 프로야구단을 예로 들며 블랙이글이 아니라 블랙이글스로 바꿔야 한다고 주장한다. 가령 국내 프로 야구단의 공식 명칭은 모두 끝에 '~스'나 '~즈'가 붙는다. '한화이글스', '삼성라이온즈', '두산베어스', '기아타이거즈'가 대표적인 예다. 이들이 복수 명칭을 사용한 것은 야구가 혼자서 하는 운동이 아니기 때문이다.

그러나 여기에도 예외가 있다는 사실을 알아야 한다. 미 공군의 '선더버드'는 6대의 F-16 전투기를 갖고 에어쇼를 하는 세계적인 특수비행팀이다. 그런데도 그들은 복수 개념의 '선더버즈' 대신에 선더버드를 공식 명칭으로 채택했다. 미 공군이 단수와 복수 개념을 몰라서 그렇게 결정한 것은 아닐 것이다. 따라서 누구의 주장이 옳고 그르다는 판단을 내리기 곤란하다.

이 책을 집필하는 내내 공군 특수비행팀의 공식 명칭 문제에 대해 고민해야만 했다. 공군 지휘부가 장고長考를 거쳐 신중하게 결정한 공식 명칭을 일개 민간인이 마음대로 변경할 수 없었기 때문이다. 그러나 책은 공식 문서이기 때문에 어법에 맞는 표현을 써야 한다고 생각했다. 그래서 Black Eagles를 택했고 그것을 우리말로 바꿔서 공식 명칭으로 사용했음을 솔직하게 고백한다. 이것이 공군의 공식 입장에 누가 되었다면 정중하게 사과드리고 싶다.

앞으로 이 문제는 공군본부 지휘부가 블랙이글스 팀원들과 공군 애호단체, 블랙이글스의 팬클럽, 그리고 공군과 블랙이글스를 사랑하는 수많은 국민들의 광범위한 여론을 수렴해서 합리적인 판단을 내려주는 것으로 해결되길 기대한다. 왜냐하면 온갖 역경을 극복하고 세계적인 특수비행팀으로 우뚝 선 그들의 공식 명칭은 블랙이글이나 블랙이글스 모두 우리가 자자손손 자랑스럽게 물려주어야 할 고귀한 이름이기에.

성공 법칙 40
블랙이글스 팀원들처럼 세계적인 인재로 거듭나라!

성공하는 사람들은 두 가지를 예리하게 바라보는 눈을 가졌다. 고객이나 국민들이 좋아하고 앞으로 좋아할 것이 무엇인지를 읽어내는 안목과 지금 세계가 어떻게 변하고 있는지를 주시하며 그 흐름을 파악하는 지혜다. 블랙이글스 팀원들이 그런 안목과 지혜로 세계적인 특수비행팀으로 우뚝 섰듯이 우리 청춘들도 그런 눈으로 세계적인 인재로 발돋움하길 기대한다. 제2, 제3의 반기문 UN사무총장, 박인비 선수와 같은 글로벌 인재들이 쏟아져 나왔으면 좋겠다. 청춘들이여! 좌절과 절망을 딛고 다시 일어서서 세계를 향해 내달리자!

'팀워크'편을 통해 배우는 블랙이글스의 성공 법칙

- **성공 법칙 31** : 블랙이글스 팀원들처럼 서로 신뢰하는 조직을 만드는 데 앞장서라!
- **성공 법칙 32** : 블랙이글스 팀원들처럼 소통의 달인으로 변신하라!
- **성공 법칙 33** : 블랙이글스 팀원들처럼 떠날 때는 말없이 떠나라!
- **성공 법칙 34** : 블랙이글스 팀원들처럼 타인과 기꺼이 협조할 수 있는 자세를 가져라!
- **성공 법칙 35** : 블랙이글스 팀원들처럼 터파기 공사를 튼튼하게 하라!
- **성공 법칙 36** : 블랙이글스 팀원들처럼 분복을 실천하려고 노력하라!
- **성공 법칙 37** : 블랙이글스 팀원들처럼 때로는 순진무구한 모습으로 정진하라!
- **성공 법칙 38** : 블랙이글스 팀원들처럼 순수한 마음으로 남을 도와줘라!
- **성공 법칙 39** : 블랙이글스 팀원들처럼 세상을 정직하게 바라보라!
- **성공 법칙 40** : 블랙이글스 팀원들처럼 세계적인 인재로 거듭나라!

| 에필로그 |

 나와 블랙이글스의 첫 인연은 2012년 12월 27일에 이루어졌습니다. 당시 나는 2010년 3월 2일 비행 사고로 순직한 고 오충현 공군대령에 대한 책《하늘에 새긴 영원한 사랑, 조국》을 집필하고 있던 중이었습니다. 또 그때는 2012년 영국 에어쇼에서 눈부신 성과를 거두고 금의환향한 블랙이글스가 2012년 11월 15일 예기치 않은 비행 사고로 김완희 대위를 잃고 실의에 빠져있던 시기였습니다. 그래서 블랙이글스 팀원들에게 위로와 격려의 메시지를 들려줄 목적에서 방문한 겁니다.
 다행스럽게도 신익현 원주기지 비행단장님과 김영화 블랙이글스 비행대대장님을 비롯한 8명의 조종사들은 초면인 나를 반갑게 맞아주었습니다. 그들은 나를 위해 239특수비행대대 건물 앞 공터에다 T-50B 1대를 전시해놓고 기념 촬영은 물론 전방 조종석에 앉아볼 수 있는 기회까지 제공해주었습니다. 그리고 1시간가량 그들과 대화의 시간을 가졌습니다.

나는 TV나 유투브를 통해 그들을 잘 알고 있었지만 그들은 나에 대해 아는 게 적었기 때문에 대화가 원활하게 이루어지지는 못했습니다. 신익현 비행단장님은 자신이 있으면 대화에 방해가 될 수 있다면서 자리를 피해주었습니다. 대화는 주로 나와 김영화 대대장님이 했고 다른 조종사들은 경청해주었습니다. 그러나 내가 그들에게서 느낀 것은 자중자애하며 침착하고 과감한 30대 초반의 범상치 않은 젊은이들이라는 사실이었습니다.

나는 그들과 헤어지면서 김영화 대대장님에게 "조만간 블랙이글스에 대한 책을 써보고 싶다"고 말하자 그는 하얀 이를 드러내며 씩 웃어주었습니다. 그땐 그의 웃음이 무엇을 의미하는지 잘 몰랐습니다. 그러나 지금은 압니다. 이 책이 세상에 나올 수 있도록 가장 열심히 도와준 사람들 가운데 한 분이 김영화 대대장님이기 때문입니다. 그의 웃음은 '과연 민간인이 공군의 특수 분야인 블랙이글스에 관한 책을 잘 쓸 수 있을까?'라는 염려와 공군을 좋아하고 사랑하는 나를 향한 우정의 표시였다고 생각합니다.

그리고 지난 2년 6개월 동안 블랙이글스에 관련된 심층 취재를 할 수 있도록 아낌없이 성원해주신 최차규 공군참모총장님께 감사드립니다. 참모총장님의 각별한 배려 덕분에 민간인이 접근하기 힘든 여러 곳을 둘러보며 수많은 공군관계자로부터 깊이 있는 브리핑을 들을 수 있었습니다. 비록 공군을 이해하고 학습하는 험난한 여정이었지만 그것은 분명 내 생애 최고의 행운이었습니다.

특히 2014년 6월 11일 오후 2시부터 3시까지 고대협 소령이 조종하는 블랙이글스 5번기 T-50B의 후방 조종석에 탑승한 후 10,000피트(3,048m) 상공까지 올라가서 다양한 비행 체험을 하고 안전하게 착륙한 것은 평생 잊지 못할 추억이 되었습니다. 또 2014년 10월 8일에는 김해기지 소속의 CN-235M에 탑승해서 1시간 가량 쪽빛 남해 상공 위를 날며 전술비행 체험을 하기도 했습니다. 이는 참모총장님의 승인 하에 탑승 기회를 제공해주려고 노력한 김재범 장군님과 최재혁 대령님이 계셨기 때문에 가능했습니다. 그런 생생한 비행 체험이 이 책의 현실감과 완성도를 높이는 데 크게 기여했다고 생각합니다.

이제 책 집필을 마무리하면서 저자로서 독자들께 부탁드리고 싶은 게 있습니다. 부디 이것만큼은 꼭 기억해주셨으면 좋겠습니다.

하나, 블랙이글스는 이제 세계적인 특수비행팀으로 주목받고 있습니다. 따라서 블랙이글스는 창공의 한류스타로서 가수 '싸이'나 TV 드라마 〈대장금〉 못지않은 영향력을 발휘할 것으로 확신합니다. 그러나 오늘의 자랑스러운 블랙이글스가 있기까지 역대 특수비행팀 조종사들의 피땀 어린 정성과 눈물, 그리고 헌신이 있었음을 기억해주셨으면 합니다. 특히 어려운 여건 속에서도 블랙이글스의 존재 가치를 믿고 그들이 세상을 향해 힘찬 날갯짓을 할 수 있도록 적극 지원해준 공군 수장들이 계셨습니다. 김홍래, 이억수, 김성일, 성일환 전 공군참모총장님과 최차규 현 공군참모총장님이 그 주인공입니다. 정경두 합참전략기획본부장님과 양철환 (예) 장군님은 광주기지 비행단장으로 블랙이글스의 팀 재건과 T-50B

의 전력화 과정에서 버팀목이 되어주셨습니다. 신익현 장군님과 이병권 장군님은 원주기지 비행단장으로서 영국 에어쇼와 싱가포르 에어쇼가 블랙이글스의 독무대가 될 수 있도록 많은 관심과 지원을 아끼지 않으셨습니다.

또 1994년 A-37B로 최초의 상설 특수비행팀을 꾸렸을 때, 블랙이글스팀의 안정적인 재건과 정상화를 위해 온갖 열정을 다 바친 김용대 팀장님의 수고에 대해서도 기록해두고자 합니다.

둘, 블랙이글스 순직 조종사들의 값진 희생과 그 유가족들의 슬픔도 우리는 기억해야 합니다. 공군은 사고가 발생할 때마다 기존 시스템을 한층 더 강화하는 노력을 기울여왔습니다. 이는 다른 조직에서 쉽게 찾아볼 수 없는 것으로서 우리 사회가 공군을 보고 배워야 할 점이기도 합니다. 다행스럽게도 블랙이글스는 원주기지 안에 순직 조종사들의 추모공원을 만들어놓고 수시로 찾아가서 그들의 숭고한 비행 정신을 되새기고 있습니다. 전·현직 블랙이글스 조종사들과 창공에 묻힌 세 분 조종사 간의 아름다운 영혼동행이 계속 이어지길 기대합니다.

1998년 5월 8일, 블랙이글스의 리더였던 조원훈 소령이 애기와 함께 산화했습니다. 공군은 그 사고를 계기로 조종사 선발과정에 대한 일대 혁신을 단행했습니다. 사고 이전, 블랙이글스 조종사는 238비행대대 A-37B 조종사들이 주류를 이루었고 (K)F-16, F-4E, F-5E/F 기종 출신 조종사들은 극소수에 불과했습니다. 공군은 그와 같은 인위적 장벽을 타파하고 전 기종에서 다수의 지원자를 공모해서 좀 더 우수한 인재를 블랙이글스 조종사로 선발했습니다. 이 과정에서 블랙이글스의 유병길 대대장(현 합동군사대 총장)님과 서진원, 설준석 팀장님을 비롯한 여러 멤버들이 특수비행팀 재건을 위해 많은 노력과 정성을 쏟았음을 기억해주었으면 합니다.

또 2006년 5월 5일, 어린이날 기념 축하 에어쇼를 하던 김도현 대위가 기체 결함으로 애기와 함께 산화했습니다. 공군은 그것을 계기로 노후 기종인 A-37B를 퇴역시키고 T-50B 체제로 전환합니다. 이는 블랙이글스가 세계로 도약할 수 있는 전기를 마련한 역사적 사건으로 평가받기에 충분합니다. 그러나 T-50B 체제를 안착하는 과정에서 블랙이글스의 여러 멤버들이 본인 의지와는 무관하게 많은 것을 희생해야 했습니다. 그들은 F-15K로의 기종 전환, 위탁 교육, 참모 근무, 행정 업무 등을 경험할 수 있는 기회를 포기하고 비행과 교육 훈련에만 전념해야 했습니다.

공군과 블랙이글스의 발전이라는 대의명분 앞에서 자신의 진로 고민은 내색도 하지 못하고 벙어리 냉가슴만 앓다가 임무 종료와 함께 전역할 수밖에 없었다는 어느 조종사의 이야기를 들으며 가슴 아팠던 기억도 생생합니다. 그는 녹회색 조종복을 입은 동기생이나 블랙이글스 후배 조종사를 보면 지금도 가슴이 벅차오른다고 했습니다. 그의 말 속에는 남모를 회한과 젊은 날 꿈꿨던 공중지휘관에 대한 미련이 짙게 배어 있었습니다. 그러나 "블랙이글스 때문에 바뀌어버린 제 운명에 대해 후회하진 않습니다. 공군과 블랙이글스는 제가 죽는 날까지 영원히 사랑해야 할 소중한 연인이기 때문입니다"라는 그의 말에 오히려 내 자신이 위안을 받기도 했습니다.

　T-50B 체제의 블랙이글스를 재건해놓고 전역을 선택한 양은승, 장병욱, 홍준현, 정민철 소령을 비롯한 여러 멤버들의 희생과 헌신이 눈물겨운 정성으로 다가오는 것도 그 때문입니다. 이들과 함께 맡은 바 사명을 다하고 현재 ○○기지에서 비행대장으로 영공 수호 임무를 수행하고 있는 문보언 소령에 대해서도 격려의 박수를 보냅니다. 또 블랙이글스 전대장 및 대대장으로서 남모를 고뇌와 희생으로 오늘의 블랙이글스를 만드는 데 진력한 최진순, 최재혁, 이철희, 박대서 대령님과 김영화, 박상현 중령님의 노고와 헌신에 대해서도 잊지 않았으면 좋겠습니다.

　2012년 11월 15일은 김완희 대위가 창공에 묻힌 슬픈 날입니다. 공군은 그 사고를 계기로 T-50B 정비시스템을 업그레이드하는 작업에 착수했습니다. T-50B의 정비교범에 대한 대대적인 점검과 보완 작업이 이루어졌습니다. 이 과정에서 최원영 정비대대장님, 이우영 정비중대장님, 국중국 준위님을 비롯한 정비대 대원들의 노고도 매우 컸다는 후문입니다.

　한편, 김 대위가 정식 블랙이글스 3번기 조종사로 근무한 지, 2달여 만에 산화하자 그를 대체할 3번기 조종사 교육이 시급한 과제였습니다. 그 과정에서 자신의 진로에 대한 모든 것을 제쳐두고 새로 충원된 3번기 조종사 교육에 전념해서 블랙이글스의 정상화에 기여하고 팀을 떠난 김대은, 서영준 소령님에 대해서도 위로와 격려의 박수를 보냅니다. 2014년 싱가포르 에어쇼가 완벽하게 치러질 수 있었던 이면에는 그들이 흘린 땀과 정성이 배어있음을 우리는 기억해줘야 합니다.

끝으로 이 졸저는 책상에 앉아서 머리로 쓴 책이 아닙니다. 전국을 누비며 맨발과 가슴으로 쓴 기록물입니다. 2년 6개월 동안 자동차로 달린 거리만 15만km가 넘을 정도로 많은 사람들을 만났고, 그들의 이야기를 진지하게 듣고 메모했습니다. 또 여러 공군 기지를 방문해서 그곳의 조종사나 정비사의 아스라한 기억으로 남아있는 블랙이글스의 편린까지 찾아낸 후, 그것을 다시 짜 맞추는 퍼즐 게임을 하면서 이 책을 만들었습니다. 민간인으로서 결코 쉽지 않은 여정이었지만 그래도 나를 계속해서 감동시키는 공군인들이 있었기에 가능했습니다. 책 집필 과정에서 음으로 양으로 큰 도움을 주신 이광수 장군님, 안재봉 (예)장군님, 안덕신 대령님, 성상택 대령님, 이진욱 중령님, 노채정 중령님, 추교진 중령님, 박상진 중령님, 이성희 소령님, 김성주 소령님에게 고마운 마음을 전합니다.

책 출간에 앞서 블랙이글스 조종사들과 함께 오류나 잘못 기술된 부분이 없는지에 대한 논의 과정을 수차례 거친 바 있습니다. 그럼에도 불구하고 이 책에 오류가 남아 있다면 그것은 전적으로 저자의 책임입니다. 오류가 발견되면 지체 없이 수정해나갈 것을 약속드리며 독자 여러분의 지도 편달을 부탁드립니다.

저자의 마지막 바람은 이 졸저가 원주기지 53특수비행전대 역사관의 한 귀퉁이라도 차지하는 호사를 누렸으면 하는 것입니다. 그리하여 먼 훗날 블랙이글스를 사랑하는 수많은 열혈팬들로부터 "오래 전에도 우리 못지않게 블랙이글스를 뜨겁게 사랑했던 중년의 한 사내가 있었네"라는 말을 꼭 듣고 싶습니다.

 부족한 사람에게 건강한 육신을 물려주신 부모님, 아빠의 공군 사랑을 먼발치에서 바라보고 공군에 입대해서 사병으로 군복무 중인 큰아들과 공군 장교로 복무한 후 사회 진출을 희망하는 둘째 아들을 비롯한 우리 가족에게도 고마운 마음을 전합니다. 이미 공군 가족이 된 우리 집의 모토는 '아이 러브 에어 포스'입니다. 이 책 출간을 계기로 또 하나가 추가될 것입니다. '아이 러브 블랙이글스!' 저 높은 하늘을 사랑하듯 앞으로도 우리 공군과 블랙이글스를 뜨겁게 사랑하겠습니다.

KI신서 5903

블랙이글스에게 배워라!

1판 1쇄 발행 2015년 4월 17일
1판 3쇄 발행 2016년 10월 10일

지은이 김덕수
펴낸이 김영곤
펴낸곳 (주)북이십일 21세기북스
문학출판사업본부장 신우섭
미디어믹스팀장 장선영
책임편집 김성현 **표지디자인** 양란희 **본문디자인** 이하나
미디어믹스팀 김은희 이상화
사진 편보현 Katsuhiko Tokunaga
문학영업마케팅팀장 권장규
문학영업마케팅팀 김한성 임동렬 오서영 김선영 정지은
제작팀 이영민 **홍보팀** 이혜연

출판등록 2000년 5월 6일 제406-2003-061호
주소 (10881) 경기도 파주시 회동길 201(문발동)
대표전화 031-955-2100 **팩스** 031-955-2151 **이메일** book21@book21.co.kr

(주)북이십일 경계를 허무는 콘텐츠 리더
21세기북스 채널에서 도서 정보와 다양한 영상자료, 이벤트를 만나세요!
가수 요조, 김관 기자가 진행하는 팟캐스트 '[북팟21] 이게 뭐라고'
페이스북 facebook.com/21cbooks 블로그 b.book21.com
인스타그램 instagram.com/21cbooks 홈페이지 www.book21.com

ⓒ 김덕수, 2015

ISBN 978-89-509-5892-3 03190
책값은 뒤표지에 있습니다.

이 책 내용의 일부 또는 전부를 재사용하려면 반드시 (주)북이십일의 동의를 얻어야 합니다.
잘못 만들어진 책은 구입하신 서점에서 교환해 드립니다.